精神論ぬきの保守主義

仲正昌樹

新潮選書

目次

精神論ぬきの保守主義

はじめに

「保守主義」というのは、一体どういう思想だろうか？　この言葉を文字通りに取れば、何か古くからあるものを「保守」する思想ということになるが、その「古くからあるもの」とは、一体何だろうか？　どの時代に由来する、どういう種類の「古くからあるもの」なのだろうか？

当然のことながら、確定的な答えはない。何が守るべき価値のある「古くからあるもの」であるかは、その人がどのような価値観・歴史観・世界観を持っているかに左右されるからである。人間は、記憶や歴史を背負って生きる存在であり、ほとんどの人は、何らかの形で、自分にとって価値がある「古くからあるもの」に対して自分なりの愛着や拘りを持っている。その意味では、ほとんどの人は、〝保守主義者〟だということになる。

ただ、近代の思想史において、「保守主義」と呼ばれている思想傾向には、一定の特徴があり、保守主義でないものと区別をつけることができないわけではない。まず、「保守主義」が台頭するのは、古くからの伝統や慣習を解体して、歴史を先に進めようとする「進歩主義」が勢いを増す時期だということがある。「古くからあるもの」を破壊しそうな勢力が特に目立っている状況でなければ、「保守主義」という思想を〝新たに〟立ち上げる必要はない。余計な波風を立てれば、かえって「古くからあるもの」を傷つける恐れさえある。急激な進歩への不安が「保守主義」を台頭させるのである。西欧政治思想史における最初の保守主義者とされるバークは、進歩主義志向のフランス革命の批判を通して自らの立場を明らかにした。

第二に、「古くからあるもの」には、国、国民、民族などの集合的記憶としての「歴史」が刻印されているので、「保守主義」は国別、国民別、民族別など、共同体別に成立することが多い。個人や家族、友人関係に限られた〝歴史〟だと、「主義」と言えるほどの広がりはない。かといって、アジア全体とか、全世界を包摂する〝大きな歴史〟になると、「歴史」的記憶の共通性がぼやけてくるので、守るべきものがはっきりしなくなる。

歴史とそれに由来している伝統・慣習を共有している国民的共同体に、それとは異なる共同体の伝統・慣習が持ち込まれた時に、固有の伝統・慣習が汚染され、崩壊するのではないか、という危機感が生じる。そこで台頭してくる「保守主義」は、「外」から「内」を守るというスタンスを取る。

第三に、第二点の帰結として、国民や民族のアイデンティティの中核にある「言語」および／または、（ナチズムのような実践哲学的世界観も含む、広い意味での）「宗教」が、「保守主義」の軸になることが多い。「言語」や「宗教」は、各人の生き方を規定する要因なので、これらを防衛する「保守主義」の闘いには、多くの人を動員しやすい。

日本の「保守主義」は、一九世紀半ば以降の急速な近代化＝西欧化に抵抗し、日本に固有の「古き良きもの」を守る運動として、幕末から明治時代にかけて徐々に形成されてきたわけであるが、第二次大戦後の冷戦状況下で、「保守」の意味が大きく変化した。ソ連を盟主とする社会主義（マルクス＝レーニン主義）の思想が自らを歴史の最先端と位置づけ、影響力を急速に拡大したので、西側諸国のソ連型社会主義よりも古くからある思想は、総じて〝保守〟と見なされることが多くなった。戦後日本の代表的な保守政党である自民党には、戦前の体制を（部分的に）復活させることを目指す勢力も、日本をアメリカ型の自由主義社会にすることを目指す勢力、あるいは、私有財産の否定は目指さない穏健な社会主義的体制を目指していた勢力も含まれていた。これら全てが、ラディカルな進歩思想であり、日本という共同体にとって絶対的な「他者」に見えた、ソ連型社会主義との対比で、〝保守〟と呼ばれた。

冷戦構造の解体後は、社会主義などの左派思想と対比する必然性が薄れたため、従来的な意味での〝保守〟の中の親米派と反米派の対立がより鮮明になってきた。歴史的な経緯から考えれば、西欧の代表としてのアメリカの影響から脱しようとする、後者の方が本来の意味での「保守」であるように思える。

しかし、ことはそう単純ではない。「アメリカの影響から脱する」と言っても、ペリー来航以来の日本の近代化の歴史はアメリカ化の歴史でもあるから、完全に脱アメリカ化しようとすると、少なくとも江戸時代末期の状態にまで遡らねばならないことになる。さすがに、それは非現実的であるので、そこまで主張する反米保守はほぼいない。だとすると、どの領域でどの程度、どういう手段によって脱アメリカ化するのか？

日本人の大多数が納得せざるを得ないような明確な基準はないので、目指すところが曖昧にならざるを得ない。そのため、日本の保守主義は部分的に左派と同調して、アメリカ型自由主義・資本主義の貪欲さ、非道徳性を非難するか、日本文化の象徴である天皇制を尊重し、天皇を敬う精神を培うことを主張するかのどちらかである。いずれにしても、精神論的な——悪く言えば、曖昧模糊とした——話になってしまう。

精神論的な「保守主義」は、大和魂とか、日本古来の文化、美しい国土など、について、一定のポジティヴなイメージを既に抱いている人には魅力的であるが、そういうイメージを共有していない人間は、端的に、「ついていけない」、と感じてしまう。「万世一系の天皇制はすばらしい」と言われても、もともとそういう気持ちのない人間は、「天皇を尊敬したら、生活がどう変わるのか？　経済が活性化するのか？　治安が良くなるのか？」、と疑問を抱いてしまう。

西欧諸国における、「保守主義」をめぐる状況は、それとはかなり違うように思われる。マルクス主義者やアナーキスト等の左派やリベラル派と比べて、保守主義者が、精神論的な語り口になりがちなのは日本と同じだが、バークに始まる西欧の保守主義は、精神的なものだけでなく、その精神を具現したものとしての、慣習的に形成されてきた、法・政治・経済の「制度」に焦点を当てて議論をする傾向がある。さまざまな歴史的な経験を通して改善を重ね、練り上げられ、安定的に機能している「制度」の重要性を説くわけである。

従来の「制度」が「古い」というだけであっさり否定し、ごく少数のエリートが思いついた

〝新制度〟に安易に置き換えるのは、危険だと主張する。そうした実利的・現実的な議論であれば、〝高貴な精神性〟にあまり関心のない、エゴイストの市民でも、あるいはエゴイストだからこそ、関心を持ちやすい。

日本の「天皇制」も〝制度〟と言えば〝制度〟であるが、現在の日本を動かしている法・政治・経済の中心的システムとの関係が薄くなっているので、「制度」としての機能的な意義を説きにくいし、実際、日本の〝真正保守主義者〟たちは、あまり「制度」的な議論をしない。〝真正保守主義者〟にとって、日本古来の高貴な精神性をぬきにして、制度的効能を説くことは堕落なのかもしれない。

以下、本書の各章では、西欧諸国の代表的な六人の保守思想家、ヒューム、バーク、トクヴィル、バジョット、シュミット、ハイエクを取り上げ、それぞれの「制度」論のエッセンスを取り出し、「保守主義」と「制度」との関係を明らかにしていく。ヒュームとトクヴィルは、思想史的に「保守主義者」に分類されないことも多いが、慣習的に形成された「制度」の重要性を説き、「保守主義」に影響を与えたという意味で、本書では、広い意味での「保守主義」に含めて考えることにする。他の何人かの保守思想家も、彼らと関係付ける形で、各章で随時取り上げることにする。

最終章では、現代日本の民主主義にとって、制度論的な保守思想がどのような意味を持ちうるか、若干の私論を展開することを試みる。逆に言うと、最終章以外の各章では、現代日本の政治情勢に関する分析や、私自身の主義主張を直接展開することは極力差し控え、各思想家の主要テクストの読解に徹することになる。もっとも、読解という行為には不可避的に、解釈者自身の認識や価値観が反映されるわけであるが。

第一章　ヒューム――慣習から生まれる正義

思想史の中のヒューム

西洋哲学史の教科書に必ずと言っていいほど登場するけど、あまり印象に残らない哲学者にヒューム（一七一一―七六）がいる。印象に残らない理由ははっきりしている。名誉革命時代のイギリスを代表する哲学者ロック（一六三二―一七〇四）が、「タブラ・ラサ（心は白紙）」の標語で知られるイギリス経験論の創始者で、名誉革命を正当化する、抵抗権込みの新しい社会契約論を理論化した人として、大きくかつ分かりやすく取り上げられているのに対し、ヒュームは、因果関係や自我の実在を疑う懐疑論の哲学者としてさりげなく紹介される。多くの人は、「懐疑論の人が出てきたのか……」という感じで、何となく納得してしまう。そのため、一八世紀のイギリス哲学の専門家以外からはあまり関心を持たれないということになる。

しかし、近年、政治思想史やポストモダン思想等の領域で、ヒュームに対する関心がかなり高まっている。ヒュームが再評価されている要因はいくつか考えられるが、あえて一つにまとめると、近代合理主義・啓蒙主義の全盛期である一八世紀半ばにあって、理性の限界、言い換えれば、人間が自らの周囲の世界を把握する能力の限界を見極め、「理性」を相対化する方向に思考を進めたから、ということになるだろう。

近代以前の西欧のキリスト教の教義と結びついた哲学は、人間はすべて生まれながらにして罪人であり、それゆえ自力で真理に至ることはできず、神の啓示――を代理する教会の教え――を通してしか、正しく事物を認識できないという前提に立っていた。それに対して、デカルト（一五九六―一六五〇）以降の近代哲学は、すべての人間に備わっているはずの「理性」を重視し、「理性」がどのように「世界」を認識し、再構成しようとするのかに関心を集中させた。「理性」と「世界」の関係の中にこそ「真理」がある、という考え方が支配的になった。「理性」中心主義である。

「理性」が自己自身のみを根拠にして行う、数学のそれのような演繹的推論を重視する大陸合理論に対して、ロックに代表されるイギリス経験論の哲学は、身体的な知覚を通して得られる「経験」に重点を置いたことで知られているが、自らの「経験」を基盤として体系的な知を獲得しようとする「理性」の能動性を信頼する姿勢は共通していた。

政治思想の面では、理性的に判断する主体同士の「合意」に基づいて道徳や法、社会や国家が形成されるという社会契約論が中心的な位置を占めるようになった。社会契約論を最初に体系的に展開したのは、デカルトと同時代の英国の哲学者・法学者で、自然哲学者としては唯物論の立場を取るホッブズ（一五八八―一六七九）である。ホッブズは、自然状態（＝戦争状態）の中で自らの安全を確保しようとする合理的な主体たちの合意によって、国家が形成される道筋を描き出した。

社会契約によって成立した国家主権の絶対性を示唆したホッブズに対して、名誉革命時代の哲学者であるロックは、ホッブズのそれとは異なる「自然状態」のイメージから出発し、社会契約の本来の目的に反して、自由や権利を侵害する政府に対して市民たちが抵抗権を持つとする、よりリベラルな社会契約論を展開した。ロックの議論は、市民革命を正当化する議論として、アメリカ独立戦争に影響を与えたとされている。

また、ヒュームの同時代人であり、一時期きわめて親しい関係にあったフランスの哲学者ルソー（一七一二―七八）は、各人の自発的な意志によって社会契約を結ぶ市民たちの「一般意志」に基づく公正な統治を政治の理想として提示した。ルソーの影響を受けた――正しくルソーを理解したか否かは別として――フランス革命の指導者たちは、「理性」を中心として社会を作り直そうとしたことが知られている。

こうした理性中心主義の流れの中でヒュームは、私たちの思考や振る舞いは、常に理性の明晰な働きによって制御されているわけではなく、情念（passion）や習慣＝慣習（custom）によって動かされている部分が多いことを明らかにした。ただし、理性によって完全に制御されていないからといって、私たちは、いつ噴出してくるか分からない自らの情念に振り回されて、行き当たりばったりで、どこへ向かっていくのか分からない不安定な状態に置かれているわけではない。経験の積み重ねによって形成される「習慣」によって、物事をある程度確実にとらえることができ、はっきりと意識しなくても、各人の欲求を充足できるような個人的あるいは集団的な振る舞いをすることができる。

そうした前提に立ってヒュームは独自の認識論と道徳哲学を展開した。その政治哲学の部分に、保守主義の先駆と言うべき基本的な考え方、本人が自覚を持たなくても私たちの振る舞いを制御している「慣習」を重視する考え方が含まれているわけである。この「慣習」重視の道徳哲学をベースにして、彼の反社会契約論的な政治哲学が展開されている。

彼の政治思想の特徴を検討する前に、回り道に見えるかもしれないが、その基礎になっている認識論の概要について述べておこう。

理性と慣習

ヒュームの認識論・倫理学が体系的に展開されているのは、主著『人間本性論 A treatise of human nature』（一七三九—四〇）である。この著作は、人間の認識と情念について（当時の）経験科学的知見も交えた哲学的探究を行ったうえで、それを道徳哲学へと応用する展開になっている。それに対応して、「知性について」「情念について」「道徳について」の三巻構成になっている。

認識の基本的枠組みに関してはヒュームも、ロックに近い考え方をしている。私たちは感覚的な経験を通して、外界に存在する対象に対応する「観念 idea」を心の中で形成し、それらの「観念」をさまざまに組み合わせ、配列することで、個々の対象の形状や性質、相互の類似性や隣接性、因果関係等を認識している、という前提で考えるわけである。経験を重視している意味で、彼もイギリス経験論の伝統に連なる哲学者である。しかし、対象をとらえる認識の確実性については、ロックとかなり異なった見方をしている。

ロックが、経験を基礎にして成立する認識が確実なものであると想定していたのに対し、ヒュームは、対象を認識する知性の働きが、「信念 belief」や「慣習」といった不確実なものに支えられていることを強調する。「信念」というのは、「〜は〜であると信じている」ということである。

私たちは、対象から受ける「印象 impression」によって、内面に「観念」を形成し、対象を認識しているわけであるが、aというタイプの「印象」の後に、bというタイプの「印象」が続くことを繰り返し経験している内に、aに対応する観念Aと、bに対応する観念Bが、私たちの内で「習慣」的に結びつくようになる。

そうした「習慣」によって、a-Aとb-Bの間に、必然的なつながりがあるという「信念」が生まれる。十分に強いつながりになれば、aの印象を受ければ、実際にbが続いて生じているか否かに関わりなく、瞬間的・自動的にb-Bも思い浮かんでくるようになる。そうした関係が、私たちの内で両者の「因果関係」へと発展し、確立されるようになる。例えば、稲妻の後に雷の音を聴くというパターンが繰り返されているうちに、両者のあいだに、稲妻が雷鳴の原因で、雷鳴が稲妻の結果であるという関係が想定されるようになる。

こうした因果関係の他に、さまざまな対象のあいだの類似性や隣接性の関係も、「習慣」的に形成された「信念」と、それを補助する「記憶」や「想像力」によって、私たちの内に次第に確立されるようになる。「信念」は、反省的な吟味を抜きにして、習慣的・自動的に作用することが多いので、「対象」が実際に、私たちがイメージしている状態にあるという――外部にある者の第三者的な視点から見ての――絶対的な確実な保証はない。

このようにしてヒュームは、「信念」や「慣習」に媒介される対象の存在の不確かさを示唆するわけであるが、それだけに留まらず、対象を認識する主体としての私たちの「自己 self」の「同一性」さえも疑問に付す。

デカルトは、有名な「我思う故に、我有り」という命題によって、「考えている私」が〝いる〟限り、「私が存在する」ことだけは確実であるということを自らの議論の起点にしたが、ヒュームに言わせれば、「私」は、自分自身のことを常に意識し、考えているわけではない。「私」が連続的に存在し続けていると、どうして言えるのか？　また、「私」は時折、自分（＝自己）のことを意識するが、それらの瞬間ごとに〝存在〟する〝私〟たちが全て〝同一〟の「私」だと、どうして言えるのか？（現時点での「私」の）「記憶」によって、つながっているだけではないのか？

ヒュームは、「私」が自らのことを意識する契機になるのは、「知覚」であり、その意味で、「私」の「同一性」は「知覚」に依拠しているのではないか、と指摘する。

私に関する限り、私が「自己」(myself) と呼ぶものにもっとも深く分け入るとき、私が見つけるものは、常に、熱や冷、明や暗、愛や憎、苦や快など、あれやこれやの個々の知覚である。私は、いかなるときにも、知覚なしに自己を捉えることが、けっしてできず、また、知覚以外のものを観察することも、けっしてできない。私のもつ諸知覚が、深い眠りなどによって、しばらくでも取り除かれるとき、その間は、私は自己を知覚していず、私は存在していないと言っても間違いではない。（木曾好能訳『人間本性論　第一巻　知性について』法政大学出版局、一九九五年、二八六頁）

このようにヒュームは、各種の知覚をきっかけとして、「知覚している私」自身を知覚するという経験が、「自己」の存在と同一性の基盤であると考えるわけである。裏を返して言えば、「知覚」が働いていない時には、「私」は存在しないということである。

しかも、「私」の「知覚」の内容や強さは一定であるわけではなく、絶えず変動している。さまざまな知覚が、「私」の中で現われては、消えて行く。変動する諸知覚に対応する、「私」の存在も極めて不安定である。そこからヒュームは、「私」は、絶え間のない変化の只中にある、「異なる諸知覚の束あるいは集まり a bundle or collection of different perceptions」に他ならない、というきわめて哲学的にラディカルな見解に至る。

ヒュームの一世代前のイギリス経験論の哲学者で、主観的観念論で知られるバークリー（一六八五―一七五三）も、「存在とは知覚されることである Esse est percipi」として、知覚する主体である「私」の外部に「物」が――「知覚する」という「私」の営みとは独立に――実在することを否定していた。しかし、知覚する主体の「私＝自己」の存在は疑わなかった。ヒュームは、その「知覚」する「私＝自己」の〝存在〟自体を相対化する方向に議論を進めていったわけである。

さらに言えば、先に見たように、「私」を構成している「知覚」自体もまた「慣習」や「信念」という不確かなもの、現実にどのような状態にあるか分からないものによって機能している。そうなると、「私」にとって絶対的に確実なものは、自分の内にも外にもないことになる。「理性」による真理の探究には自ずから限界があるのである。

情念と慣習

「認識」における理性の主体（＝私）の限界を示すに留まらず、ヒュームはまた、「行為」の面における限界も顕わにする。デカルトやロックの哲学では、理性の主体である「私」に「自由意志」が備わっていることが前提になっていたが、「自己（私）」の〝存在〟自体を徹底的に相対化するヒュームは、「自己（私）」に備わっている〝自由意志〟が、実際には〝自由〟とは言えないことを明らかにする。

「自由意志」とは、単に〝自分の思うままに振る舞う〟ことではなく、「外部」からの影響を受けずに、自分のなすべきことを選択し、実行する能力を指す。問題は、「外部」として何を想定するかである。［外部＝他の人間（の意志）］と考えるのであれば、私に無理強いしたり圧力をかけたりする他人が周囲にいさえしなければ、「自由意志」を働かせることができそうだが、哲学的な議論では多くの場合、他人の意志だけでなく、物理的な因果法則を「外部」に含めて考える。

物理的因果法則というと、当然、物質界に属し、生物的な欲求によって動かされる、私たちの身体も、因果法則によって支配されている、ということになる。哲学的な「自由意志」論は、私たち（の理性）は、果たして、私たち自身の身体の中で作用している物理的因果法則の支配を越えて、「自由」に意志決定することができるのかを問題にする。言い換えれば、身体的欲求からの精神の「自由」である。このように、「精神」と「身体」をはっきり分けて考え、後者からの前者の「自由」を考えるのは、精神の救いに焦点を当てるキリスト教の教義にまで遡れる。

そういう問題を設定すれば、私たちが通常、自分の〝自由意志〟によって決めていると思っていることのほとんどが、実は生物的な欲求に起因するのではないのかと思えてくる。例えば、他者に対する思いやりや親切、自分の名誉や国のために行う行為も、社会の中で生き残り、繁栄しようとする欲求に基づいているのではないか？　趣味で芸術鑑賞するのも、学問するのも、脳への生理的刺激を求めているだけではないのか？　思いつきや気まぐれでやっている（つもりの）ことも、何らかの動物的本能の痕跡ではないのか？

この難しい問題に対してヒュームは、きわめて明快な答えを出す。私たちの行為には、物理的因果法則に基づく「必然性」を超越している、という意味での「自由」はない。キリスト教や、その影響を受けた伝統的な哲学で想定されている「意志の自由」が存在する余地はないのである。「私」自体が、時々刻々変化する「知覚の束」にすぎないと考えるヒュームの認識論からすれば、「意志の自由」が存在し得ないのは、当然のことである。

ヒュームにとって、私たちを根底において突き動かしているのは、「理性」ではなく、「情念」である。「情念」とは、快を求め苦を避けようとする身体的な情動に対応して、私たちの内に生じて来る、希望、恐れ、悲しみ、喜び、絶望、安心などである。「理性は情念の奴隷である」。ヒュームはそう断言する。奴隷であるというのは、「情念」が志向するものを実現することに「理性」が一方的に奉仕し、その逆はないということである。

「理性」が「情念」の奴隷であり、「情念」をコントロールすることができないとすると、しばしば突発的に生じる、激しい「情念」によって、私たちが向う見ずな行動をし、自分を傷つけ、場合によっては、自滅に至るのではないか、という疑問が生じる。実際、そうなってしまう人もいる。ほとんどの人は、一見、〝理性〟的に振る舞っているように見えるが、そういうまともそうな人たちも、いつ激しい「情念」に襲われて、理性を失ってしまうかもしれないきわめて、不安定な状態にあるのだろうか？　もしそうでないとしたら、何が私たちの「情念」を制御し、あたかも「理性」によって自己をコントロールしているかのように見える、外観を作り出しているのか？

ヒュームは、ここでもまた、「習慣」の役割を強調する。ある情念の状態に基づく行動が快をもたらし、別の情念の状態の下での行動が苦をもたらすことを繰り返し経験するうちに、私たちの心の内に、前者を積極的に志向し、後者を出来るだけ回避する傾向が生じる。それがいつの間にか、私たちの「習慣」になる。「習慣」によって、「情念」は方向づけされ、不規則的に暴走することはなくなる。言ってみれば、私たちが「理性」の役割だと思っているものを、実際には、

「習慣」が果たしているわけである。

こうした「習慣」による「情念」の制御という観点から、ヒュームは、「社会 society」、そして「道徳 morals」の起源を説明する。動物としての人間は、経験に先だってアプリオリに存在する道徳的本性のようなものを持っているわけではなく、快を求め、苦を避けようとする「情念」によって動いているだけである。自然の中に生きる人間にとっての善や悪は、快と苦に関する知覚によって決定される。そこに、理性が働く余地はない。

ただし、身体的能力が他の動物よりも劣る人間は、その欠陥を「社会」を作って、つまり互いに協力し合う「慣習」を作り出すことによって補うようになる。「社会」によって人間は、「強さ force」「能力 ability」「安全 security」を得ることができる。

人間の情念を「社会」の形成へと向かわせるきっかけになるのは、両性の間の自然な欲求、そして子供に対する愛情という情念である。子供たちは育っていく家庭で、両親——と彼らがその窓口となる「社会」——に従うことの利点を学習し、「社会」との結びつきを妨げている自分の感情のごつごつした部分を削り取り、型にはめるようになる。

しかしながら、各人が自分と身内のことを第一に考えている限り、保有物、財 (goods) をめぐる争いが生じる可能性がある。勤労や幸運によって得た財は、他人に力ずくで奪われる恐れがある。それらの財がすべての人の欲求を充足できるほどに多くあれば問題はないが、ほとんどの財はそれほど多くはない。財が希少であるうえ、確保しにくいことが、「社会」を作り出すうえで主要な障害になる。しかし、逆に言えば、もし「社会」を形成することで、それらの財を増やすことができるとすれば、それは各人を「社会」形成へと強く動機づけることになる。

人々は、早くから社会のなかで教育されることによって、社会から得られる利点がはかり知れないことに気づくようになり、加えて、人との交わりや会話を好む新しい感情を身に付ける。そして、社会のなかで起こるもめ事の主なものは、外的と言われる財から、および、この財が固定せず、人の手から手へと簡単に移転することから生じるのを見てとる。(……)社会のすべての成員が取り決め＝黙約(convention)を結び、これらの外的な財の保有(possession)を固定し、幸運や勤労によって得るものを各人が平和に享受するに任せておく以外に、この目的を達する方法はない。この手段によって、各人は自分が何を安全に保有できるかを知り、偏りや矛盾に満ちた情念の運動は抑制される。また、この抑制はこの情念に反対するものではない。なぜなら、もしそうなら、この抑制は受け入れることも維持することもできないからである。この抑制は、情念の、辺りを構わない、衝動的な動きに反対なだけである。他人の保有物に手を出さないと自分自身の利益やもっとも近しい友人の利益に反するどころか、われわれがこの両方の利益を計るのに、今述べた黙約以上によいやり方はない。なぜなら、まさにこの手段によって、われわれは、社会を維持するからであり、社会は、われわれの友人たちの、またわれわれ自身の福利と生存に、それほどに必要なのである。(伊勢俊彦・石川徹・中釜浩一訳『人間本性論　第三巻　道徳について』、二〇一二年、四三—四四頁：一部改訳)

ここでカギになるのが、人間たちがお互いの情念を抑制し合うことで、各人の保有物を保障し合う「取り決め＝黙約」である。「黙約」は、意図的になされる「約束」ではない。同じ行為を反復しているうちに、そのことの利益に各人が次第に気づくことを通して形成される。利益を感じている人たちは、一定の規則に従って、自分の振る舞いを規制するようになる。相手も自分と同じように振る舞うであろうという前提の下で、相手がその財を保有している状態をお互いに認めるようになる。

そうやって、共通の感覚が形成され、それがお互いに認識されるようになった状態が「黙約」である。自他の利害に関して予め理性的に計算し、それに基づいてお互いの行為を規制する厳密なルールを策定するわけではない。反復的な経験を通して、お互いにとって利益となる振る舞いを自然と身につけ、習慣化していく中で、いつしか相互の利益を認識するのである。それは、一艘のボートを一緒に漕ぐ二人の人が、言葉で細かく取り決めなくても、体の動きを自然と合わせるようになるのと同じことである。

誰かが、そのようにして成立した黙約に反することをすれば、それは相互利益を破壊するので、最終的に本人にとっても不利益になる。そうした負の経験と、みんなで遵守した場合の利益の対比から、黙約のルールの強制力が強まっていくのである。

正義と所有

先ほど見た議論から分かるように、ヒュームにとって、お互いの「保有物」に関する「黙約」

の形成が、「正義 justice」と（「正義」を基盤として成立する）「社会」の起源である。「正義」の概念が先にあって、それに従って、各人の「所有 property」が確定されるわけではなく、お互いの保有物に関していつのまにか習慣の中で形成され、各人の内で身体化されるに至った「黙約」のルールが、事後的に「正義」として承認されるのである。こうした発想は、ロックの議論とは対照的である。ロックは、自然状態に生きている人々は、「自然法」とそれを認識する「理性」の働きによって、人々はお互いの所有権をはじめとする各種の自然権を認識し、認め合うと想定していた。ヒュームは、「習慣」こそが「正義」を生み出すと考えたのである。

他人の保有物には手を出さないという黙約が結ばれ、各人の保有物が固定化された後で、「正義」と「不正義 injustice」の観念、そして「所有」、「権利 right」、「責務 obligation」などの観念が生まれてくる。「権利」や「責務」などの観念は、経験に裏づけられた「黙約」に由来するものであって、自然状態に生きる人たちが自らに内在する理性に従ってアプリオリに抱くものではない。「所有」「権利」「責務」などの観念が、「黙約」から生まれてくる以前の状態にあっては、人々の他者に対する振る舞いは、その都度の情念によって左右される。自然の情に従って、アカの他人よりも、身内を贔屓するので、公正とか平等に相当するものを期待することはできない。

そうした自然の情念を抑制して、他者が保有するものを、その人の「所有物」と認めることで、お互いに利益を得ようとする気質が各人の内で発達し、「正義の感覚」へと成熟することが、「社会」の起源なのである。したがって、「社会」を支えているのは、理性ではなく、習慣的に身についた利益の感覚なのである。

いったん「社会」が形成されると、「所有」に関する細かなルールが確立されるようになる。「社会」ができあがった瞬間には、現に保有している者が「所有者」として認められるが、それ以降は、誰が所有者かを決めるためのルールが形成されるようになる。「現に保有している者＝所有者」ということにすれば、他人から強奪して保有した物でも所有していることになり、不正義が正当化されてしまうからである。

ヒュームは、主な規則として、「占有 occupation」「時効 prescription」「増加 accession」「相続 succession」を挙げている。「占有」は、最初にそれを保有したものが、所有者になるということである。野生の獣を捕まえた者や、無人島に最初に到着した者が、所有者になるというのがそれに当たる。「時効」は、長い時間が経ってもともと誰が保有していたのか曖昧になった場合、長期にわたって保有していた人を所有者と認めるということである。「増加」は、所有している果樹園に実る果実や、飼っている牛が産んだ子牛のように、本来の所有物と緊密に結びついているものも、その人の所有物になるということである。「相続」は、文字通り、親ないし近い親戚の財産を相続することである。

このように所有者を確定するルールに続いて、所有の移転に関するルールが形成される。所有の移転は、必ず元の所有者の同意に基づいて行われることが基本的ルールとなる。そのため、ほとんどの場合、相互の利益に基づく交換という形を取る。また、多くの国の法では、対象を具体的に知覚可能な形で、引き渡しをすることが、移転の条件とされている。

また、これらと連動して、約束が道徳的な「責務」を課す、というルールも形成される。当然、この場合の「責務」は、各人にアプリオリに備わっている人間の道徳的本性のようなものに由来するわけではない。たびたび約束を破るような人であれば、そのことを知っている人たちから、次第に信用されなくなり、生きていくのに必要な物を交換によって手に入れることができなくなる。「約束」を守る人間として認知された方が、利益になることを人々は反復的に経験する。約束を遵守することが「利益」につながるという認識が、「社会」の中で共有されることから、「責務」の観念が生まれてくる。

これら三つの基本的規則、すなわち、①「財の保有の固定の法」、②「同意による保有の移転の法」、③「約束の実行の法」を、ヒュームは三つの「基本的な自然法 fundamental laws of nature」と呼ぶ。

古代の「自然法」は神々の法であり、近代初期のホッブズやロックの議論で想定されていた「自然法」は、「自然状態」に生きる人々にもともと備わっている「理性」によって発見され、定立される法であるが、ヒュームは、より大きな利益（平和と安全）を得るべく、各人が自らの情念を抑制する慣習が「社会」の中に定着することが、「自然法」の起源だと見ているわけである。

三つの「基本的な自然法」は、所有と契約を規律する法である。「占有」「時効」「相続」などは、所有と契約に関する基本法である「民法」で用いられる概念である。ヒュームは、私たちが「民法」と呼んでいるものの基礎となる、人々の間で慣習的に確立された、水平的な（利害）関係を起点として、「自然法」が、そして「社会」が形成されると考えるわけである。ホッブズやロックの「社会契約」論も、「契約」からの類推を利用しているわけであるが、「社会契約」論が、社会や国家を形成するという、〝大きな契約〟が一挙に成立し、その大本の〝契約〟に基づいて個々の法が制定されるかのような装いのもとで、議論を進めていくのに対し、ヒュームの慣習的正義論は、むしろ、個別具体的な所有をめぐる日常的なやりとりの積み重ねを重視する。

これら三つの法を厳格に守ることに、人間社会の平和と安全は完全にかかっている。また、この法がないがしろにされるところでは、人々の間に良好な付き合いが確立される可能性はない。社会は人々の福利にとって絶対に必要であり、それと同じくらい、法は社会を支えるために必要である。この法が人々の情念にどのような抑制を課すとしても、法は、間違いなく当の情念が産み出したものであり、その情念を満足させるより巧妙で洗練された仕方にすぎない。（前掲書、八四頁）

習慣に根ざした「黙約」から生まれてきた「法」は、人々の「利益」と「情念」を相互に調整し、各人の内に道徳感覚を植えつけ、次第に強化していく。そのため、「法」やその基礎としての「道徳性」はあたかも「自然に naturally」私たちの内に備わっているように思えてくるが、実際には、「利益」に裏打ちされた習慣によって「人為的に artificially」創出されたものなのである。

「統治」の起源

「社会」「道徳」「法」が、習慣に基づく「黙約」に由来するのであれば、統治機関である「政府」の権威も「黙約」に由来するのではないか、と考えられる。実際、ヒュームはそういう議論をしている。

ヒュームによれば、「政府」が必要になるのは、人間が弱いからである。それは、「社会の秩序」を守ることによって得られる、遠く離れた利益よりも、目の前にある対象から得られる瞬間的な利益に飛びつこうとする誘惑に負けてしまう弱さである。せっかくみんなで「正義」や「法」を定めても、目前の利益に対する情念の方が勝ってしまっては、意味がない。

そこで、「正義」や「法」を遵守することが自分にとって間近かな利益だと感じられるようにする工夫がいる。しかし、社会のすべてのメンバーがそう感じるような仕組みを人為的に作り出すのは困難である。そこで正義の執行に責任を持つ、公の権力者、王とその家臣たちが必要になってくる。

人間は、自分自身についても、他人についても、目の前にあるものを遠くにあるものよりも好むように仕向ける魂の狭小さを根こそぎに克服することはできない。人間は、自分たちの本性を変えることはできないのである。人間にできるのは、自分たちの位置を変え、正義の遵守をある特定の人たちにとって直接の利益とし、その侵犯を彼らにとってより遠くにある利益とすること、それですべてである。この特定の人々は、こうして、自分自身の振る舞いについて正義の諸規則を守ろうとする気になるだけでなく、他の人々にも拘束を課して同様に規則に従わせ、社会全体を通じて衡平の命ずるところが行なわれるようにする気になる。そして、必要とあらば、この人たちは、他の人々が正義の執行に対してより直接に利害を持つようにし、自分たちの統治を補佐する数多くの官吏を、文官、武官いずれでも作り出すであろう。(前掲書、九五―九六頁)

「政府」を構成する人々は、「正義の執行 execution of justice」に専念し、それを自らの仕事にしている。そのため、「社会」の中で「正義」が遵守されるように配慮することが、彼らにとっての利益になるし、彼らによって秩序が維持されることが、他の人たちにとっても利益になる。「社会」を構成する全員で、秩序維持、紛争処理に当たろうとすれば、かなりの時間と労力がかかって負担になるし、みんなの意見がまとまらず、解決に至らない恐れもある。正義に関する問題解決に専念する専門の人たちを置くことで、適切に処理できるようになるわけである。お互いに利益があるから、少数の人たちによる「統治」がうまく行くのであって、その人たちが、他人のために献身する人格者として人望があるか否かというようなことは関係ないのである。

ヒュームは統治者の役割として、「正義の執行」と並んで、「正義の裁定 decision of justice」を挙げている。「裁定」というのは、利害対立がある場合、何が「衡平 equity」であるのかを第三者的な視点から示すということである。利害関係者同士は、激しい情念に囚われていて、何が「衡平」であるのか分からなくなっているので、直接利害関係のない、統治者が「衡平」の基準を示した方が、解決しやすくなる。

政府がこの二つの役割を果たすことによって、その社会に生きる人々のあいだの利害関係が調整され、各人の情念の衝動的な発現が抑えられ、共通の目的のために協働すべく、取り決め（convention）を結ぶことが可能になる。あるいは、政府が、そういう取り決めを結ぶよう強制力を行使する。橋や港、城塞、運河等を建設する公共事業や、軍隊の訓練、艦隊の装備等の軍事関連の事業は、社会にとって共通の利益になるが、各人が自分の短期的な利益、満足のことにだけ心を奪われていると、いつまで経っても実現できないので、政府がリードする必要がある。

論文「原始契約について」（一七四八）でヒュームは、政府の起源に関する、従来の二つの有力な説、王権神授説と、「原始契約 original contract」説の双方を批判している。特に、後者への批判に力を入れている。

「原始契約」説というのは、基本的に、社会契約説のことで、社会が始まった時点で、人々が王に権力を移譲することに合意したとする説である。ヒュームに言わせれば、政府の統治に完全な正統性があるとすれば、そうした原始契約を理論的に想定せざるを得ないが、仮にそうした契約がかつてあったとしても、はるか昔のことなので証明できなくなっている。あったかなかったか分からない太古の契約によって、現在生きている人間が縛られる、というのはおかしな理屈である。歴史を見る限り、ほとんどの王朝は、人民の合意ではなく、力によって権力を獲得している。

現実的に考えれば、「原始契約」があったと考えるよりも、最初は力によって権力を得た政府の存在が、「社会」を維持するうえで不可欠であり、その意味で人々にとって利益になることが明らかになるにつれ、人々から次第に黙認され、事後的に正統性を得たと見るべきだろう。為政者の権威が必要であることを人民が認識しているからこそ、彼らは、為政者に従っているのであって、「契約」から服従する義務が派生しているわけではないのである。

「忠誠」と「抵抗」

「統治」がうまくいくには、「政府」に対する人々の「忠誠 allegiance」が必要である。『人間本性論』の第三巻では、「忠誠」を利益の観点から説明している。

すでに見たように、「黙約」から生まれた三つの「基本的な自然法」がきちんと執行されるようにするために、「政府」が設立されるわけであるが、人々が「政府」に服従しないと、「執行」は不可能になる。政府の保証がないと、約束の履行は確実ではない。人々がお互いに対して負っている私的義務は、政府に対する公的義務にかなり依存していると言える。

ヒュームによれば、政府に対する人々の「忠誠」は、言葉による明示的な「約束」に根ざしたものではなく、また、そうであってはならない。どうしてかと言えば、私人間の「約束」は、お互いにとって利益があり、かつ、当人同士の明確な意志表示がある場合にのみ成り立つが、それは逆に言えば、そうしたはっきりした関係が認められなかったら、「約束」は成立していないことになるからである。先に見たように、ほとんどの場合、歴史上のどこか特定の歴史的時点で政府の設立について人民の「原始契約」が成立したことを確認することはできないし、現実に存在する人民は、自分たちが「統治」に合意したことがあるとは思っていないはずである。そうすると、「約束」はなかったことになるので、人民が政府に服従する根拠もないことになる。

現実には、人民は、自分たちには統治者を選ぶ自由があると思っていないし、そんなことを考えること自体が不敬だと考えている。彼らは、自分たちの祖先が従ってきた統治者の子孫である人に「忠誠」を捧げるのは、自然な（natural）ことだと考えている。「忠誠」は、「約束」に由来するわけではなく、統治されていることが自然だと感じる人々の習慣に基づいているのである。

ただし、それは全く無条件な「忠誠」ではなく、「社会」を維持することから得られる「利益」によって支えられた「忠誠」である。統治者が暴政と抑圧を続ければ、人民にとって「利益」はなくなるわけだから、彼らが「忠誠」を捧げる理由もなくなる。人民にはもはや、「忠誠」の「自然的責務 natural obligation」はなくなる。

人間にはすでに確立している「一般的規則 general rules」に従おうとする習性があるので、「自然的責務」が消滅しても、暴君に抵抗することに良心の呵責を覚えることもある。しかし、その暴君から「正義の執行」という利益を得る見込みが一切ないことが分かると、「一般的規則」に従おうとする人民の道徳的感情も弱まり、「例外 exceptions」を許容する心構えができるようになる。

この点でヒュームは、ロックと同様に〝抵抗権〟を認めていると見ることもできるが、彼は、社会契約論者とは違って、契約違反という視点から抵抗権を正当化しているわけではない。「利益」の消滅によって、その「利益」を土台として成立していた「一般的規則」も消滅するという事実を述べているにすぎない。

利益の感覚が服従の根源的な動機でないとしたら、あえて訊ねるが、人々の自然な野心を抑え、人々を強いてそのように屈服させることのできる、それ以外のどのような原理が人間本性のうちにあるというのか。先例への追随や習慣では十分でない。なぜなら、われわれが追随する服従の事例や、習慣を生み出す一連の行ないを、いかなる動機が最初に生み出したのかという問題が再び起こるからである。明らかに、利益以外の原理は存在しない。そして、利益が最初に統治への服従を生み出したとすれば、利益が何らかの大きな度合いで、また多数の事例で消滅するときはいつでも、服従への責務が消滅するのでなければならない。（前掲書、一一二―一一三頁）

ヒュームにとって「正義」や「忠誠」は、「利益」に根ざす「習慣」として形成された、振る舞いの「規則性」の問題であって、理性にアプリオリに内在する道徳法則性に起因するものではないのである。したがって、利害関係が変化すれば、それに伴って歴史的に変容していく可能性があるのである。

スコットランド啓蒙主義におけるヒューム

社会思想史的にはヒュームは、「スコットランド啓蒙主義」の代表的な理論家の一人と見なされている。「スコットランド啓蒙主義」というのは、一八世紀初頭のイングランドとの完全な合併以降、急速に社会・文化構造が変容し、商業も発達し始めたスコットランドにおいて、社会改革を強力に推進すべく、啓蒙活動を行った知識人たちの活動全般を指す呼称である。エディンバラとグラスゴーがその中心地になった。

同時代のフランスの啓蒙主義の影響を受けているが、その政治的・哲学的傾向はかなり異なっている。ヴォルテール（一六九四―一七七八）、ディドロ（一七一三―八四）、ダランベール（一七一七―八三）などに代表されるフランスの啓蒙主義は、当時の自然科学の急速な発展を背景として、目覚めつつある人間の理性（光）を全面的に覚醒させ、人類の文明をさらに発展させるべきだと提唱した――「啓蒙」を意味するフランス語〈Lumières〉の原義は、「（諸々の）光」である。

彼らは、人民を無知（闇）の状態にとどめてきた迷信や偏見を除去すべく、それらの母体になっていた教会権力と闘う姿勢を鮮明にした。また、王の恣意的支配を排すべく、法による合理的な統治を要求した。認識論・世界観としては、理神論もしくは唯物論的傾向が強かった。「進歩」のために、社会と人間のラディカルな変革を追求したわけである。

それに対して、イングランドとともに清教徒革命や名誉革命などの市民革命をすでに経験し、市民の権利がある程度認められるようになり、市民を中心に社会が発展し始めたスコットランドの啓蒙主義はそれとは様相を異にする。スコットランドの思想家たちは、宗教や迷信などとの理念的な闘争よりも、経済発展や歴史、（慣習的に確立された）社会規範など、具体的な問題に関心を向けるようになった。イギリス経験論の伝統である経験重視の姿勢が、そうした社会的関心を補強した。

スコットランド啓蒙主義の代表的な理論家として、ヒュームの他、道徳的判断の源泉は各人に内在する内的感覚としての道徳感覚であると主張したハチスン（一六九四―一七四六）、『諸国民の富』（一七七六）によって近代経済学の基礎を築いたアダム・スミス（一七二三―九〇）、「市民社会 civil society」の発展を文明史的に論じたファーガスン（一七二三―一八一六）などを挙げることができる。彼らは、各人に内在する「理性」に基づいて合理的で完全な社会をゼロから建設しようとするのではなく、現存する社会を機能させている法、政治、経済、道徳の仕組みを経験的に研究し、それらの諸法則を定式化することに力を入れた。

社会を支えている仕組みの多くは、意図的に作られたものではなく、長年の経験に基づいて慣習的に形成されたものであるから、それらを研究することは、不可避的に「慣習」を研究することにつながる。彼らによる「慣習」の研究から、「市場」という制度を研究する経済学をはじめとして、社会科学の諸分野が発達することになった。そうした文脈を視野に入れると、ヒュームが道徳研究において「慣習」の役割に注目したことは、学問発展史的にきわめて重要な意味を持ってくる。

ヒュームは、自らの社会・道徳研究を科学的なものにすることを意識していた。そうした彼の問題意識が明確に現れているのは、論文「政治を科学に高めるために」（一七四二）である。この論文で彼は、「統治」がうまく行くかどうかは、権力者である個人の資質や信条ではなく、政府がいかに構成（constitute）されているかにかかっているとして、政治体制＝憲法（constitution）の特性に注目する必要があることを指摘している――英語の〈constitution〉には、「構成」という一般的な意味の他に、国家の基本法としての「憲法」という意味もある。これは、制度の機能性に注目する、社会科学的な分析視角だと言える。

彼はまず、絶対主義的政府と、共和主義的で自由な政府を区別したうえで、前者は、行政府を担当する人間の善し悪しに大きく依拠することを認めている。ただし後者についても、政府を担当する人たちの個々の行動を具体的にチェックし、コントロールすべく「政治体制」に組み込まれているはずの仕組みが機能しなかったら、意味がないことを強調する。肝心なのは、悪人であっても「公共善 public good」のために行為するよう仕向ける仕組みである。それが賢く「構成」された政府の形態である。逆に言えば、制度的枠組みの当初の「構成」において熟練と誠実さを欠く政治体制は、無秩序と最悪の犯罪を生み出す元になる。

法律や特定の政府の形態の作用は非常に大きく、人々の気質や気性はほとんど関係ない。従って数学的諸科学とほぼ同等の、一般的で確実な帰結をそれらから引き出すことも可能であるはずだ。

このようにヒュームは、個々の政治家の資質という次元を超えて、適切に機能する「制度institution」のあり方に焦点を当て、歴史的な事実を素材としながら、そうした「制度」を探求することを「政治学」の課題と考えている。先に見た、『人間本性論』での正義論・忠誠論と併せて考えれば、ヒュームは、自己中心的でその場の情念によって短絡的な行動をしがちな人間に、社会全体の利益＝公共善に貢献するよう誘導することができる「制度」とはどういうものか、「慣習」をベースに探求していた、と言えそうだ。

これは、個人の利益追求が、「市場」という制度を通じて調整され、国民の富の増大という公益をもたらすとするスミスの経済学の発想と通底している。スコットランド啓蒙主義は、個々人の思惑を超えて、「社会」を安定化させるように作用する「制度」の意味を発見したのである。

社会は、さまざまな種類や規模の人々の集団的な振る舞いが複合的に連結することによって成り立っているので、それらを経験的に探求しなければならないという社会科学的な問題意識は、ヒュームとほぼ同時代人であり、彼と親しい関係にあったフランスの法学者モンテスキュー（一六八九―一七五五）も、（三権分立論の原型を提示したことで知られる）『法の精神』（一七四八）で提示している。モンテスキューは、法は普遍的・理性的なものではなく、国民（nation）の生活のあり方や歴史性によって多様な発展をするという視点を、フランスの政治と、英国やイタリアのそれとの比較研究、古代ローマやフランク人の封建社会の歴史研究を通して獲得した。モンテスキューは、「社会学の先駆者」とも呼ばれている。ただ、モンテスキューの場合、風土（climat）、宗教、商業、過去の事例、法律、政府の行動基準、習俗（mœurs）、生活様式（manières）などの総体である「一般精神 l'esprit général」によって、当該の社会のあり方が規定されるとする、やや漠然とした論述をしているのに対し、ヒュームは、ここまで見てきたように、［情念―慣習―制度］の関係に焦点を当てて、哲学的に掘り下げた議論をしており、方法論がより明確である。

その後、アメリカの独立戦争（一七七六）、フランス革命（一七八九）、ナポレオン戦争など、西欧諸国の社会のあり方を大きく変動させる政治的事件が続き、ロックやルソーの社会契約論に注目が集まる中で、急激に変化することがない「慣習」に注目し、重視するヒュームの地味な思想は、あまり目立たなくなった。スコットランド啓蒙主義の思想家たちの中では、経済学者であるスミスだけが重視される傾向が強まった。

しかし、反設計主義の立場を鮮明にする経済学者・社会哲学者ハイエク（一八九九―一九九二）が、ヒュームの［慣習→正義］論を再評価し、スミスの市場観との連続性を明らかにして以降、ヒュームに対する政治思想的関心は高まりつつある。

第二章　バーク——相続と偏見による安定

バークの立ち位置

近代の保守主義の元祖とされるバーク（一七二九—九七）は、アイルランドのダブリン出身の哲学者・政治理論家である。ダブリンのトリニティ・カレッジ（ダブリン大学）で美学を学んだ後、ロンドンの法曹院ミドル・テンプルで法学を学ぶが、途中で法学の勉強は断念し、著述業で生計を立てるようになる。

この時期に執筆した美学論文『崇高と美の観念の起源』（一七五七）は、対象の調和や均斉に美の起源を見る古典的な見方、美の本質を効用と見る功利主義的見方、および、道徳感情と美的感情を同一視するシャフツベリー（一六七一—一七一三）やハチスンの見解を批判したうえで、感覚と想像力と判断力の相互作用として「美」をとらえる独自の見方を示し、大きな反響を呼んだ。カント（一七二四—一八〇四）やドイツ・ロマン主義の美学に強い影響を与えたことで知られる。

一七五九年には、アイルランドの財務長官を務めた政治家ハミルトン（一七二九—九六）の秘書になったのをきっかけに、政治を職業として意識するようになる。一七六五年に、自由党（現、自由民主党）の前身であるホイッグ党の有力政治家で、首相に就任したロッキンガム侯爵（一七三〇—八二）の私設秘書になり、同年、ホイッグ党選出の下院議員となる。九四年まで議員としての活動を続ける。

国民の代表から構成される議会中心の政治を擁護するバークは、当時の国王ジョージ三世（一七三八—一八二〇）と彼を支持するトーリー党——現在の保守党の前身——が、名誉革命に際して設定された王権への制限を廃して、絶対王制に回帰しようとしていたことに激しく反対した。論文『現代の不満の原因についての考察』（一七七〇）では、議会の王権からの独立、民衆を直接代表とする下院の権限強化、複数政党制、情報公開などの重要性を主張した。

当時英国の植民地であったアメリカとの関係については、貿易における本国の独占的地位を規定した航海条例や、植民地維持費を現地に一方的に負担させる印紙税や茶税は不当だという立場を鮮明にした。独立戦争勃発後は、アメリカ側の当初の要求を受け容れて、和解すべきだと訴えた。また、東インド会社によるインド統治の不備を問題にし、インドに固有の慣習法を尊重する形で統治機構を改革する法案を起草したほか、初代ベンガル総督を務めたヘイスティングズ（一七三二—一八一八）に対する弾劾の動きの中心にもなった。

こうした政治活動を見る限り、バークは、伝統や格式に拘る——日本語の通常のニュアンスでの——〝保守主義者〟というよりは、戦闘的な自由民主主義者であるように思える。ハイエクは、バークを、スミスやファーガスンなどと共に、（社会の合理的な設計よりも）市場を中心とする個人の自由な活動を重視する「真の個人主義者」に分類している。

彼の「保守主義者」としての側面が全面的に展開されるのは、フランス革命の理念を根本的に批判し、慣習的な制度の重要性を論じた『フランス革命についての省察』（一七九〇）においてである。

「革命」評価の問題

フランス革命について少し復習しておこう。世界史の教科書に出ているように、フランス革命はルイ十六世（一七五四―九三）が、新しい税制の賛否を問うために、一七八九年五月に全国三部会を召集したことが、きっかけとなった。

三部会での議論が紛糾するなか、第三身分（平民）の議員たちが、「国民議会」の結成を宣言し、国王に対してこれを承認することと、憲法を制定することを求めた。国王側はいったん要求を受け容れ、「国民議会」は「憲法制定議会」と改称されて、憲法制定に着手した。しかし、国王側が第三身分に圧力をかけるべく、パリとヴェルサイユに軍隊を集結させたため、事態は緊迫した。民衆寄りと見られていた財務長官ネッケル（一七三二―一八〇四）が罷免されたのを機に、対決ムードが高まり、七月十四日に、怒った民衆がバスチーユを襲撃した。これが、フランス革命の始まりである。

八月には、国民議会が「人および市民の権利宣言」を出した。十月には、物価が高騰したのに抗議する女性たちがパリ市役所前に集まる。一部が暴徒化して、ヴェルサイユ宮殿に侵入したため、国王はしぶしぶ権利宣言を承認する。

九一年六月には国王一家が国外逃亡を企てたが失敗する。同年九月に、立憲君主制の憲法が制定される。革命の拡大を恐れるオーストリアが介入の意向を強く示唆したのに対し、九二年四月、フランス側が宣戦布告し、ヨーロッパ全体を巻き込む革命戦争が始まる。市民たちは、王と王妃がオーストリアと内通しているとの疑いから、チュイルリー宮殿を攻撃し、国王一家を幽閉して、王権を停止する。九二年九月に男子普通選挙によって選ばれた国民公会が王制廃止と共和制の開始を宣言する。九三年一月に、国民公会が国王の処刑を議決し、王と王妃はギロチンで処刑される。

この年の六月頃から、ロベスピエール（一七五八―九四）を中心とするジャコバン派の独裁と、反対者を容赦なく弾圧する恐怖政治（Terreur）が始まる。しかし、翌年の七月には、恐怖政治に反発する勢力が蜂起して、ロベスピエール等は処刑される。そうした混乱の中で、オーストリアやイギリスとの戦いで武功を挙げたナポレオン（一七六九―一八二一）が台頭することになる。

『フランス革命についての省察』が刊行されたのは、九〇年十一月である。これを執筆するきっかけになったのは、八九年十一月に、バークを尊敬するフランスの若者ドゥポン（一七六七―九六）から送られてきた、フランス革命の経過を報告し、意見を求める手紙である。これとほぼ同じ時期、英国内では、非国教派の牧師リチャード・プライス（一七二三―九一）が、名誉革命協会でフランス革命を支持する講演「祖国愛についての講説」（一七八九）を行うなど、知識人のあいだで、英国でもフランスの動きに歩調を合わせて、市民の権利を拡充する革命的プロセスを更に進展させようという意見が強まっていた。バークは、そうした風潮に抗うべく、ドゥポンに対する返書という形式で、『省察』を書くに至った。

つまり、バークが『省察』を執筆していた時期には、まだ恐怖政治は始まっていなかったし、周辺諸国とフランスとのあいだの戦争も始まっていなかった。フランスでは、立憲君主制の枠内で、市民の権利と民主主義を確立しようとする、理性的なプロセスが進行していると、英国などの啓蒙主義・自由主義的知識人の多くが考えていたとしても不思議はない。にもかかわらず、バークが、プライスを批判し、フランス革命を真っ向から否定する議論を展開したため、内外で大きな反響を呼び、賛否両論がわき起こった。批判されたプライス本人だけでなく、アメリカ独立戦争を理念的に支援したトマス・ペイン（一七三七―一八〇九）、『フランケンシュタイン』（一八一八）の作者メアリ・シェリー（一七九七―一八五一）の母親であり、初期女性解放運動の指導者であるメアリ・ウルストンクラフト（一七五九―九七）、酸素を発見し、物質の燃焼のプロセスを解明した化学者として知られ、神学者、政治哲学者でもあるプリーストリ（一七三三―一八〇四）など、当時の英国の代表的な進歩主義的知識人たちが、バーク批判の急先鋒になった。ペインの主要著作として知られる『人間の権利』（一七九一）は、バークへの返答として執筆されたものである。

そうした対立図式の中で、バークは、革命を通しての進歩に対して警鐘を鳴らす思想的陣営の代表と見なされるようになった。恐怖政治と、ナポレオン戦争を経て、西欧諸国の知識人、特にロマン派と呼ばれる人たちのあいだで、「革命」と距離を置き、自らの伝統を見直そうとする気運が拡がると、「革命」の抱える根源的問題をいち早く見抜いていたかに見えるバークの思想に対する関心も高まった。

スイス系フランス人の文芸批評家で、自由主義的な立場を取ったスタール夫人（一七六六―一八一七）は、（バークの著作とほぼ同じタイトルの）その著書『フランス革命の主要な出来事についての省察』（一八一五、一八）で、バークの批判を真剣に受け止めながらも、革命がフランス社会の構造変化の中で不可避的に生じてきた現象であり、自由主義と民主主義を確立するうえで一定の意義があったことを強調している。この後の章で検討するトクヴィル（一八〇五―五九）の『旧体制と大革命』（一八五六）も、バークの批判を受け止めながらも、彼の視野に入っていなかった、革命を生み出す土壌となった旧体制の問題を掘り下げて検討し、革命の意味をより深く理解する試みと見ることができる。

統治者の選択をめぐる問題

『省察』は、プライスの講演に対する批判から始まる。バークは、「名誉革命」（一六八八）と「権利章典」（一六八九）についてのプライスの解釈を問題にする。

「名誉革命」とは、当時の国王ジェイムズ二世（一六三三―一七〇一）が、カトリックの側近を重用するのと連動して、英国国教会を含むプロテスタント系の勢力が強い議会から権限を奪おうと試みるようになったことに対する議会側の反発に端を発する。議会側は、ジェイムズ二世の娘メアリ二世（一六六二―九四）と、その夫でオランダ総督であったウィリアム三世（一六五〇―一七〇二）を、新しい王としてオランダから招き、ジェイムズ二世を追放した。国王が処刑され、内戦が長く続いた、以前の「清教徒革命」（一六四二―四九）と比べて、無血であったことから、「名誉革命」と呼ばれる。

これを受けて議会は、議会の同意を得ない法律や課税の禁止、議会での言論活動の自由の保障などを要求する、「権利宣言」を出した。この宣言は、新しい王の承認を得たうえで成文法化され、「権利章典」として制定された。同じ年に、国王の権力を絶対視する王権神授説を批判し、悪政を行う政府に対する市民の抵抗権を肯定する、ロックの『統治二論』（一六八九）が刊行される。

プライスの解釈では、名誉革命によって英国の人民は、「我々の為政者を選出し、彼らを非行を理由に放逐して我々自身のための政府を形成する」権利を獲得した。これはロックの抵抗権論を、名誉革命にそのまま当てはめた解釈であるが、バークは、そうした理解は誤りだと断言する。「権利章典」は、臣民の権利と自由を宣言すると共に、（それと表裏一体の関係にある）王冠の継承を確定する法である。つまり、王位が世襲で継承されることが前提になっている。それは、一つの家系による王位継承が、国民の平和・平穏・安全のための不可欠の条件であることを、「権利宣言」の起草者たちが認識していたからである。実際、「権利章典」の正式の名称は、「臣民の権利と自由を宣言し、王位継承を定める法律 An Act Declaring the Rights and Liberties of the Subject and Settling the Succession of the Crown」であり、本文中でも、「国民（nation）の統一と平和、平穏、安全は、神の下での王位の継承の確実性に全面的に依拠する」という認識が明記されている。
バークの見方では、「名誉革命」は、国家を同じ一つの「政治体」として維持していこうとする、国王と臣民のあいだの原初的約束を確認する契機になったのであって、市民的・政治的な全機構を完全に解体し、ゼロから新しい「市民秩序 civil order」を作る権利が確認されたなどということはあり得ない。ただしバークは、政治体制を変更することを全面否定しているわけではない。肝心なのは、それがあくまでも部分的変更であって、国家の基本的枠組みは保持していくことが前提になっているという点である。

何らかの変更の手段を欠く国家は、自己保存のための手段をもたない。かかる手段がなければ、それは自分が最も入念に保存を念願する、憲法の肝心要《かなめ》の部分を喪失する危険をさえ惹き起すだろう。この保存（conservation）と補正（correction）の原理は、イギリスで国王が不在であった王政復古と名誉革命という二つの重大な危局に際して、強力に機能した。この二つの時期に国民は、古来の建造物を統合する絆を喪失していたが、全構築物を解体はしなかった。逆に彼らは、この両方の場合、損傷を受けない箇所を通じて古い憲法の欠陥部門を刷新（regenerate）した。彼らは、これら古い部分を全く旧来の姿に残し、刷新した部分がこれに適応するようにした。（中野好之訳『フランス革命についての省察（上）』岩波書店、二〇〇〇年、四五頁：一部改訳）

このようにバークは、「国家」という政治体が保持されていくことを重視し、その役割を担う仕組みの中核として「憲法」を位置づけている。既存の仕組みだけで「国家」の一体性を保持していくことが困難になった時、「憲法」は、古くなった部分を改善し、一体性を回復する役割を担っている。現代的な比喩を使って言えば、「憲法」には、バグが生じても自己再生するプログラムが備わっているのである。「名誉革命」は、全く新しい「国家体制」を作り出す営みではなく、「憲法」を中心とする「国家体制」の補正であったわけである。

こうしたバークの憲法観は、英国の歴史に対応している。一二一五年に国王ジョン（一一六七—一二一六）が貴族たちの要求を受け入れる形でマグナ・カルタ（Magna Carta：大憲章）が制定されて以来、英国では、国王と臣民たちのあいだの一連の約束として、「憲法＝国家体制」が形成されてきた。国王は、そうした契約の一方の当事者であり、王位が継承されていくことによって、「憲法」の安定性が増していくという側面がある。

革命協会に集まっている急進派は、選挙に基づかない王位は合法的ではないと主張しているが、バークに言わせれば、そのような主張は自らの足場を掘り崩してしまう矛盾した議論である。もし選挙で選ばれたのではない王の地位が合法的でないとすれば、その〝王〟と〝臣民〟のあいだに結ばれた契約も無効になるはずである。例えば、恣意的な課税を禁止したエドワード一世（一二三九—一三〇七）の時代の「租税制限法」（一二九七）、議会がチャールズ一世（一六〇〇—四九）に対して臣民の権利の保障を求めた「権利請願」（一六二八）、刑事手続きを厳格化し、被疑者の権利を守ることをチャールズ二世（一六三〇—八五）に認めさせた「人身保護法」（一六七九）なども、無効だということになってしまう。

相続財産としての自由

フランス革命の指導者やそれを支持する英国の啓蒙主義者たちは、社会契約に基づいて理想的な国家をゼロから建設することが可能であるかのような議論をしがちだが、バークは、その国の憲法＝国家体制が経てきた伝統を背景として、政治の在り方を考えようとする。それまでの経緯を無視して、いきなり新しい国家体制を作ろうとすれば、かえって、既成の憲法によって保障されている権利や自由が損なわれると考える。

バークは、憲法によって保障される権利や自由を「先祖からの相続財産」と考える。英国の憲法は、先に述べたように、一つの法典にまとめられておらず、マグナ・カルタ以来のさまざまな慣習的な法規の総体として構成されている。バークにとって、「憲法」的伝統を持続させることと、「自由」の伝統を守ることは表裏一体の関係にある。

こうした見方は、バークの専売特許ではない。彼は自らの先駆者として、チャールズ一世の時代の法律家で、国王大権に対するコモン・ロー（Common Law：慣習法）の優位を主張し、「権利請願」の起草で主要な役割を果たしたエドワード・クック（一五五二―一六三四）や、コモン・ローをベースに英国法を体系的に解説する『イングランド法釈義』を著したウィリアム・ブラックストン（一七二三―八〇）等の法律家の仕事に注目している。彼らは、「憲法」を構成するさまざまな慣習法規によって、「自由」の系譜が形成されてきたという前提で英国法を研究した。

彼らの研究によれば、通常、英国憲法の起源とされているマグナ・カルタのさらなる起源に、ヘンリー一世（一〇六八―一一三五）が、王権を濫用せず、教会や家臣団の特権を保障することを誓約した戴冠（自由）憲章（Charter of Coronation（Liberties））がある。マグナ・カルタは、この戴冠憲章の理念を再確認したものであり、その後の「権利請願」などの憲法的な法規は、みなそれ以前のものの理念を再確認・補足するものとして自らを位置づけている。そうした意味で、憲法的な自由は、相続財産なのである。

このことは我が国のすべての法律家、そして彼らが影響を及ぼそうとした国民のすべての心が、常に一貫して古代への強烈な先入見を抱いていた事実を、そして彼らが最も神聖な権利や免許（franchise）を相続財産（*inheritance*）と考えてきたこの国土の一貫した政策を立証する故に、私の主張をそれだけ一層強固に裏付けると言える。／議会は権利請願と呼ばれるチャールズ一世第三年の有名な法律で、国王に対し「陛下の臣民はこの自由を相続（*inherit*）してきた」旨を述べ、自らの公民権（franchises）を、「人間の権利 rights of men」なる抽象的原理ではなく、自分たちの先祖から引き継いだ家産（patrimony）として要請している。もとよりこの請願書を起草したセルデン以下の深い学識の持ち主たちは、我が国の説教壇や貴国［引用者注：フランス］の演壇の弁舌家に少しも劣らず、つまりプライス博士やシェーエス師にいささかも劣らず、「人間の権利」の一般理論に通暁していたはずである。しかし彼らは、自らの理論知（theoretical science）を乗り越えるあの実践知（practical wisdom）にふさわしい理由によって、彼らの確定的な相続財産を各種の荒々しい訴訟好きな精神による争奪で四散させかねない、あの漠然とした思弁的な権利よりも、人間や市民にとって貴重になりうるすべてのものへの実定的な登記済みの相続される資格（*hereditary* title）を優先させた訳である。（前掲書、六二一―六二二頁：一部改訳）

セルデン（一五八四―一六五四）は、ノルマンの征服（一〇六六）以前からの英国の法制史を研究し、「権利請願」の起草にも参加した英国の歴史家・政治家である。シェイエス（一七四八―一八三六）は、『第三身分とは何か』（一七八九）の著者として知られるフランス革命の指導者である。コモン・ロー理論家たちやバークにとって、（フランス革命の指導者や支持者が称揚する）「人間の権利」という漠然としていて、解釈をめぐってさまざまな争いを引き起こしかねない抽象的・思弁的な権利よりも、中世より連綿と引き継がれ、何度も王と臣民の間の約束として確認・修正され、世代から世代へと相続され、具体化されてきた「資格」の方が遥かに好ましい。不確かな前者を早急に手に入れるために、後者を破壊してしまうのは、愚かなことである。

コモン・ロー、そしてそれを尊重する法学者たちを評価するバークの法学的スタンスは、彼より少し若い法・政治哲学者で、功利主義の元祖であるベンサム（一七四八―一八三二）のそれとは対照的である――ベンサムも、フランス革命で「人間の権利」言説が濫用されたことには批判的であった。ベンサムは『統治論断片』（一七七六）で、慣習と判例をベースにしたコモン・ローの恣意性を問題にし、それを擁護するブラックストンの法理論を徹底的に批判する。そのうえで、慣習法の恣意性を克服すべく、「功利性 utility」という科学的な原理による体系的な立法を提唱する。立法によってゼロから、「最大多数の最大幸福」を実現する法体系を作り直そうとするベンサムと、慣習法の権利保護機能を重視するバークの法理論的立場は対照的である。

〝人民の支持〟を背景として古い法体系を破壊し、新しい憲法＝国家体制を作り出そうとするフランス革命支持派と違って、慣習的側面を重視するバークは、伝統こそが正統性の基盤になると考える。彼はそれを「時効 prescription」概念で説明する。ヒュームのところでも見たように、「時効」というのは元々「民法」の概念で、簡単に言うと、ある人が一定の期間、ある物を自分のものとして占有している状態が続くと、その人の所有権が認められる、ということである。この理屈を国家に援用すると、長期にわたって、ある統治体制が続くと、その間の慣行（usage）によって、その統治体制は合法的存在（legality）になる。

統治体制は、それが、納得できる便宜性の諸原理（principles of cogent expediency）を備えていることを示すことによって、人々に承認され、継続していく間に正統性を増していくのである——こうした考え方はヒュームと共通する。それに対して、社会的統一性を暴力的に攪乱し、新しい秩序をゼロから作り出そうとする革命政権には、時効による正統性はない。そうした政権が、自らの行為を正当化するには、特別な弁明が要求されるはずであるが、フランス革命を指導する国民議会は十分な弁明を行っているようには見えない。

制度と権利

先ほど見たように、バークは、「人間の権利」という抽象的な権利を盾にして、先例、憲章、議会法などを無視するフランス革命を、「時効による正統性」の論理によって徹底的に批判する。しかし、彼は人間がさまざまな「権利」を有していることを否定するわけではない。むしろ、彼は諸個人の自由を保障する「権利」を重視する。問題なのは、安定した制度によって実効性が裏づけられていない、形而上学的権利を強引に実現しようとして、それまで諸権利を支えてきた制度を破壊してしまうことにある。

私は、実践において人間の実質的（*real*）諸権利を否認する意図など（もし私にそれを授与もしくは拒否する権限があるとして）毛頭有しないように、理論上も格別それを否定はしない。私は彼らの偽りの権利の主張を否定するからとて、実質的な諸権利を、つまり彼らが僭称する権利で逆に完全に破壊されかねない権利を侵害する気など全く持たない。もしも、市民社会（civil society）が人間の便益（advantage）のために作られるのであれば、それの作られた目的である諸々の便益のすべてが、即ち人間の権利となる。市民社会は恩恵の制度であり、法律それ自体が規則にもとづく恩恵に他ならない。人間はこの規則にもとづいて生きる権利を有し、それ故に、彼らは同胞とのあいだで、相手が公共的職能にあると通常の生業に従事するとの別なく、正義にもとづく裁判への権利を有する。彼らは、自己の勤労の果実への権利を、そしてこの勤労を稔り豊かにする手段への権利を有する。彼らは、両親の獲得財産や彼らの子孫の養育と教育の権利を、そして現世での教化と死に際しての慰謝への権利を持つ。個人は、自分が単独で他人を害せずに行ないうる事柄を、実際に自分のために行う権利を有し、そして社会がその技量と力を結合して彼のために提供し得る一切の物事に対する公正な分け前への権利を持つ。

（前掲書、一〇九―一一〇頁：一部改訳）

ここでバークが「実質的諸権利」と言っているのは、人々が社会の中で生活するうえで必要になってくる、物や人間関係に対する具体的な権利である。市民社会は、人々がお互いに自由な行動を保障し合うと共に、協働してさまざまな事業を行い、成果を公正に分配することを目的として作った制度であり、その制度を運用するための道具が法や権利である。市民社会に参加している市民たちは、そのメンバーとして権利を行使することができる。紛争が起これば、裁判に訴えることができる。

そういう民事法的な性格の具体的権利であればバークは積極的に認めるが、人間として生まれたことによって自動的に平等な権利を付与されるという考え方は拒否するわけである。協働の事業に参加して、その「公正な fair」分け前を受けとる権利というのは正当だが、どれだけ初期投資し、どれだけ当該事業に貢献したかにかかわらず、同じ分け前を受けとる〝平等な権利〟というのはおかしい。分け前は、各人の具体的な貢献分に比例して与えられるべきである。その論理の延長でバークは、国家の運営における権限、権威、指揮などに関する平等な権利を、各市民が直接的で根源的な権利（direct original rights）として有しているという考え方を否定する。

バークにとって、権利は、人々のあいだの具体的な取り決め（convention）を通して生じて来るものである。取り決めなしに、アプリオリに通用する権利などない。

もしも、市民社会が取り決めの産物であるならば、この取り決めがこの社会の法律とならねばならない。この取り決めは、それによって形成される各種の憲法を限定し、補正する。各種の立法、司法、行政上の権力は、すべてこの取り決めの産物であるが故に、それはこれ以外の事物の状態にあっては存立する余地がない。それ故に、市民社会の種々の取り決めのもとで、およそこの状態を想定すらしない権利、それ故にそれと真向から背馳する権利が、どうして主張されようか？　市民社会形成の最初の動機の一つで、それの根本的規則の一つとなるものに、何人も自己の事案の判定者たりえない、という原則がある。各人はこれによって直ちに、協約以前の状態になる人間の基本的な最初の権利、つまり彼の一存で自らの言い分を実現する一切の権利を手放す。彼は自己一己の統治者たる権利をすべて放棄する。このことから当然に、彼は同じく自然の最初の法である自己防衛の権利の大部分を放棄する。人間は市民的状態の権利とそれ以前の状態の権利を同時に享受することはできない。（前掲書、一一〇—一一一頁：一部改訳）

ここでバークは、フランス革命支持派が依拠している社会契約論の論理を逆手に取って、「革命」の根拠を否定している。ホッブズやルソーの社会契約論では、人々は自然状態において享受していた権利、つまり自己防衛のために、他人の身体や財産に危害を加えることを含めて何をしてもいい権利（＝自然権）を放棄するのと引き換えに、（契約＝取り決めによって創設される）国家の共通権力によって、自らの利益を保護してもらう権利（＝市民権）を獲得する。そうした「取り決め」の内容を具体的に表現したものが、憲法＝国家体制である。だとすると、「市民」の権利や自由は、憲法によって規定される、その国家の制度の制約を受け、規定されるはずである。「市民」としての権利を享受しながら、無制約の「人間の権利」をそのまま主張することはできない。革命によって新しい政権を作るとしても、いかなる制度的制約も受けない「人間の権利」を享受することはできないはずである。そもそも、各人が「人間の権利」をそのまま享受している自然状態では、統治機関を設立することはできない。

市民社会の統治機関は、人々が必要としているもの（wants）を提供すべく、慣習的な知恵に基づいて構築された仕組みであって、自然権を実現するためのものではない。統治の目的を実現するため、各人の意志を制御し、自然な情念を抑制しなければならない。そうした抑制（restriction）もまた、人々の権利と見なされるべきである。統治の制度の下で「自由」と「抑制」がどのような組み合わせになるかは、時代や状況によって異なるものであり、それを抽象的な規則によって一義的に規定しようとするのは無意味である。

人間の本性は複雑である。たとえ、自然法則に従って、人間の本性を科学的に解明し、それに対応する権利を設定し、それをそのまま適用しようとしても、人間の情念や関心の現れ方は、環境によってかなり屈折したものであるので、各人の必要にぴったり合った権利にはならない。しかも、同じ社会に属する人たちのあいだでもかなりのバラツキがある。各人の情念と関心を相互に調整して、統治機関を構成する必要がある以上、一部の学者が〝発見〟した抽象的で形而上学的な権利を、ストレートに反映したものにはなり得ない。

統治の中での人間の権利とは即ち彼の利益であって、これらはしばしば様々な善の間の釣合に、時には善と悪との間の、そして或る時には悪と悪との間の釣合に存する。政治的理性は、真正な道徳的単位の加減乗除の多種多様な演算の原理であって、断じて形而上学的もしくは算術的な計算原理ではない。（前掲書、一一五頁）

国教会制度の意義

無神論あるいは唯物論・理神論的な傾向が強かったフランス啓蒙主義の影響を強く受けたフランス革命は、反キリスト教的な傾向が強かった。とりわけ、一七世紀以降王権と深く結びつき、国教会的な役割を担ってきたフランスのカトリック教会を徹底的に敵視し、聖職者の追放や教会財産の没収を断行した。キリスト教の神に代えて、「理性」を崇拝する新たな〝宗教〟も構想された。

それに対してバークは、教会が憲法＝国家体制を安定させるうえで重要な役割を果たすことを強調する。彼の認識では、人間は本性からして宗教的な動物であり、宗教は市民社会の基礎である。無神論の哲学を国家の基礎に据えようとするフランス革命の指導者たちの試みには無理があるので長続きしない。人間の本性に反する無神論による支配が続けば、人々は次第に錯乱し、迷信に走りやすくなる。

バークは、教会と国家の安定した関係のモデルとして、英国のそれのような国教会制度を挙げている。英国国教会（Church of England）は、もともと、男の子の世継ぎを求めたヘンリー八世（一四九一—一五四七）が、離婚の許可をローマ法王から得ることができなかったため、一五三四年に国王自身を教会の長とする首長令を出して、カトリックからの独立を図ったことに始まる。教義の上でカトリックと対立して分離したプロテスタント系の宗派と比べて、教義や典礼の面でのカトリックとの違いは鮮明にはならず、同じ教会の中に、カトリック的な考えと、プロテスタント的な考え方が混在していた。バークの出身地であるアイルランドがイングランドと正式に合邦するのは一八〇一年のことであるが、一六世紀には既にイングランドの支配が強まっていたので、英国国教会の設立と連動して、アイルランド国教会が設立された。バークの父は、アイルランド国教会（Church of Ireland）の信徒であり、母はカトリック教徒だった。バーク自身は、英国国教会への信仰を持つことを明らかにしていたが、カトリック教徒に対する差別をなくす政策を支持する、寛容な立場を取っていた。広い意味での「国教徒」ではあったが、メインストリームではなかったわけである。

彼は、国教会制度によって、人々のあいだに合理的で自然な紐帯が作り出されると主張する。この制度によって、統治を担当する人たちのあいだに、神の代理として統治しているという高邁で崇高な感覚が養われ、一般市民のあいだにも、国家に対する、宗教的な義務の感情が培われる。

個人の自由と民主主義が既に自明の理となっている二一世紀の大衆社会に生きている私たちの感覚からすれば、国家と結びついた教会制度は、民衆の精神的主体性を奪い、上から与えられた教義に盲目的に従うだけの人間を作り出すことになるのではないかと思えるが、バークは逆の見方をする。教会が国家と結びついた公的な制度になっているからこそ、人々は内面的な信仰と、国家の政治への参加を異なる営みではなく、不可分に結びついているものとしてとらえるようになる。

人々の内面において、政治への参加と信仰が結びつくことによって、民主主義の暴走が抑止されるとバークは考える。絶対的権力を握る支配者は一般に権力を乱用しがちだが、単独の君主は、人民からの信託（trust）に大きく反する行動をすれば、そのことを糾弾され、叛乱が起こる。現にフランスの国王は革命に遭遇している。それに対して、民衆が「集合的主権 collective sovereignty」を構成している場合、民衆（people）自身が権力の乱用をしても、それに制裁を加えて抑制する力が――少なくとも、この地上では――働きにくい。不特定多数の人々である民衆は、〝自分〟の名声や評判を気にすることがない。

公的な行動に際して個々人に降りかかる恥辱の分け前の量は、権力を乱用する人数の大いさに逆比例して当然に少なくなる。彼らの行動の彼ら自身による是認は、彼らには、社会が下す彼らへの是認の判決の趣きを呈する。それ故に、完全な民主主義はこの世で最も厚顔無恥な代物であり、そして最も厚顔故に、最も恐れ知らずなものである。個々人は、誰一人として自分が処罰対象になることを懸念しない。疑いもなく、民衆全体は処罰の対象となりえない。そもそもすべての処罰が民衆全体を保護するための見せしめである以上は、民衆は、如何なる人間の手による処罰対象ともなりえないからである。それ故に民衆は国王の場合に少しも劣らず、彼

らの意思が正邪善悪の尺度でありうるかのように、彼らに想像させないことが、この上なく重要である。（前掲書、一七二頁）

「完全な民主主義 a perfect democracy」においては、主権者である「民衆」が何をやろうと、誰も罰する者がいない。というより、罰しようがない。そのため、「民衆」は〝自分〟がやったことは全て正当化されているかのように勘違いし、〝自分〟自身が「正／不正」の基準であるかのように考え始める。人間の意思は、しばしば理性に反したことを欲するが、「民衆」全体が主権者になると、そのことに気づきにくくなる。

そういう傲慢に陥らないためには、理性と意思が完全に一致している、永遠不変の神の法に依拠することによって初めて、人間の行為が「正統 legitimate」なものになるという考え方が、民衆のあいだに定着している必要がある。言い換えれば、民衆が、自らを越える存在である神の目から見て、自分たちの行為が許されるようにしなければならない。

さらに言えば、「国家 commonwealth」の運営を（神から任された）聖なる仕事として受け止めることは、「国家」を自分たち一代限りのものではなく、先祖から継承し、子孫へと伝えていくべき神聖な財産であるという見方にもつながる――〈commonwealth〉の字義通りの意味は、「共通の富」。神は、民衆の「国家」への関わりを見守り続けているのである。

確かに社会は一つの契約である。従属的で単なるその場限りの利益のための契約は、任意に解除されてもよいだろう。だが、国家は例えば胡椒やコーヒーの、キャラコや煙草の取引やその他の卑俗な用途の物品のように、細かい一時的利益のために締結されて当事者の意向一つで解約される程度の共同事業協約（partnership agreement）と考えられるべきではない。（……）それはあらゆる学問、あらゆる芸術の共同事業、あらゆる美徳、あらゆる完成を目指す共同事業である。この種の共同事業の目的は、数多《あまた》の世代を経ても達成されないから、それは単に生きている人々の間のみならず、現に生きている者とすでに死去した者や今後生まれる者との間の共同事業となる。個々の特定国家の契約は、永遠な社会の偉大な原初契約（primæval contract）の単なる一条項に過ぎない。それらは下位の本性を高位のものと、可視の世界を不可視の世界と連結し、あらゆる物理的本性とあらゆる精神的本性をその定められた場所に配置する不可侵の誓約が裁可する、確乎たる盟約に依拠している。それ故に人々は、自己を遥かに越えた高次の義務にもとづいて、彼らの意思をこの法に従属させる責任を有し、決してこの法を彼らの意思に従属させてはならない。（前掲書、一七七―一七八頁：一部改訳）

人々が、「国家」を――神の永遠の法によって条件づけられる――何世代にもわたる共同事業と見るようになれば、「民衆」の名の下に、それまで伝統の積み重ねによって安定している国家の仕組みを、自分たちのその時限りの判断で恣意的に改造しようとはしなくなると考えられる。そのことを念頭におけば、国家と教会が強く結びつき、国家が聖なる相続財産であることを人々に教え続ける、「国教会」という制度の有用性は明らかだ。英国では、教育の主たる担い手は聖職者であり、国教会は学問や文学の発展にも大きく寄与しており、国民から信頼を得ている――長年にわたって王権を支えてきたカトリック教会が国民からの信頼を失っているフランスとは対照的である。英国の国民は、国教会制度を取り替え可能な付属部品ではなく、憲法＝国家体制の土台（foundation）と考えている、という。

市民たちの国家への忠誠心を繋ぎ止めておくには、宗教が必要であるという考えは、ある意味、ルソーやフランス革命の指導者たちも共有している。ルソーは、『社会契約論』（一七六二）の結論部で「市民宗教 religion civile」の必要性を説いている。ただし、ルソーやフランス革命の指導者たちが構想した市民宗教が、市民たちの内に宿る「理性」を称え、市民的理性の具現としての「国家」への忠誠へと繋げていくことを狙ったものであるのに対し、バークの擁護する国教制度は、むしろ、人間の理性の限界を悟らせ、伝統的な国家体制を相続財産として尊重させるように働きかけるものであり、働き方が真逆である。

偏見と実践

バークは、伝統的な宗教がさまざまな「偏見 prejudices」によって支えられていることを認識していないわけではない。しかし彼は、「偏見」を必ずしも否定的に見てはいない。むしろ、「偏見」の中に、何世代にもわたる人々の英知が含まれていると考える。フランスの啓蒙主義者たちは、人間を無知の状態に縛りつけるさまざまな「偏見」を徹底的に破壊することを提唱したが、バークは、「偏見」の中に蓄えられている英知を再発見し、理性の暴走を抑えることを政治思想の使命と見なしている。

我々は、人間がめいめい個々人の理性の私的な元手で生活し商売することを恐れる。それは、この個人的な元手が小額であり、従って、彼らとしては国民全体と過ぎし時代の共通な銀行や元手を活用する方が好都合と考えるためである。それ故に、我が国の思想家の多くは、全体的な偏見の破砕とは逆に、彼らの機敏さをこれら偏見に潜む潜在的な叡知の発見に振り向ける。彼らは滅多に失敗しないし、目当てのものを首尾よく発見すると、この偏見の上衣を投げ捨てて剝き出しの理性以外の何ものも残さないのとは逆に、むしろ理性を包含した偏見の保存こそが一層賢明な方策だ、と考える。事実、理性と合さったこの偏見は、この理性を活動させる動機と、それを永続化させる愛情を哺《はぐく》む。偏見は、咄嗟《とっさ》の場合に直ちに応用が利く。それは、予め心を叡知と美徳の安全な筋道に据えることで、決断の瞬間に人間を狐疑逡巡の状態に置くことがない。偏見は人間の美徳を彼の習慣へと仕上げ、決して一連の断片的行為のままに残さない。彼の義務感は、正しい偏見によって彼の本性の一部となる。（前掲書、一六〇―一六一頁）

〈prejudice〉という言葉は、語の作りからして、「予め pre-」「判断 judge」していること、「先入観」を持っていることを意味する。自分で具体的に経験して確かめる前に、判断の方向性を予め決めているということである。啓蒙主義的な立場からすれば、客観的裏づけを欠いた、非理性的な態度であるが、バークは「偏見」を生み出す背景となっている、歴史的な叡知や慣習に注目する。

各個人が自分の理性と経験のみに基づいて判断すると間違うことが多い。一人の人間の理性と経験には限界がある。それに対して、先人の経験に基づいて形成された「偏見」に従って行動すれば、自分の頭でははっきり把握できていない問題を行動面で解決することもできる。「偏見」を通して私たちは、言ってみれば、同じ伝統に属する他者たちと、共同で理性を働かせることができる。「偏見」を繰り返し利用することで、各人は次第に自らの理性を鍛え、適切に判断できるようになる。「偏見」は、社会の中で正しく振る舞えるように人々を導くわけである。

フランスの啓蒙主義者たちは、古くからの慣習に代えて、新しい統治の原則や自由の観念を〝発見〟したがり、革命の指導者たちは、それらに基づく新しい共和国の建設を計画したがっているが、バークに言わせれば、道徳の世界（morality）における新しい発見などほとんどない。道徳において大きな〝進歩〟が見られないことは、恥じるべきことではない。英国においては、英仏のあいだで百年戦争が戦われた一四世紀の通念であった、雅量（generosity）と威厳（dignity）が未だに失われていない。伝統の中で生きている英国人は、為政者を義務の念で、聖職者を敬虔の念で見つめることを自然なことと考えており、秩序を破壊する、野蛮な暴力的衝動に囚われたりしていない。どうして、国民が慣れ親しみ、政府や教会との信頼関係の基盤になっている道徳的伝統を、それが「偏見」に由来しているという理由だけで破壊しなければならないのか。

バークに言わせれば、古くからの「社会通念 opinions」や「生活規則 rules of life」のおかげで、人々は自らの行動の方向性を見出してきたのである。それらを除去し、学問的な知に基づいて社会を作り替えようなどとすれば、大きな混乱が生じる。学問的知自体も、古くからの通念や風俗の庇護の下で発展してきたのであって、自らの母体を破壊すれば、学問自体も方向性を失うことになる。

一般に、我々は、自分たちが現在置かれた状態を、それを生み出して現在も支えている過去の原因への充分な考慮なしに眺める傾向がある。我々の人情風俗と文明、そしてこの風俗、この文明と結びついた一切の恩択は、我々のこのヨーロッパ世界では永らく二つの原理、私に言わせれば、紳士の精神と宗教の精神の二つが結びついた産物である、という以上の明白な事実はない。貴族階級と聖職者身分は、一方が知的営為により、他方はそれへの庇護によって、兵乱と混乱のさなか、統治体がまだ形成される以前の萌芽の時期に学術を保存して来た。学問は、自らが貴族と聖職者から受け取った恩恵を、これらの人々の観念を拡大して心を豊かにすることで、高利を添えて返済した。この学問が、今もなお自らの断ち難い結合を認識して自己本来の場所を弁《わきま》え続けていたならば、もしも学問が野心によって堕落せずに自己の教育者としての分に安んじて主人公になろうと企てなかったならば何たる幸いか。学問は、その自然的な保護者と案内人を失った途端に、豚のような大衆の足元で泥土の中に踏みにじられるだろう。(前掲書、一四四—一四五頁)

ここでバークが問題にしているのは、「学問 learning」が社会の中で自らの固有の役割、分を弁えているか、ということである。「学問」は、社会の他の領域から隔離された、自己完結的な営みではなく、他のさまざまな活動と相互に支え合いながら営まれている。過去においては、貴族階級によって庇護され、学識のある聖職者たちによって知的にリードされてきた。「学問」は次第に発展し、現代においては、社会に恩恵をもたらすようになったが、自らの理論的成果によって社会を根底から作り替える使命を託されているわけではない。それが出来ると思いこんでいるとしたら、傲慢に他ならない。

「学問」によって知識を得た人たちは、「学問」も、そして自分たち自身も、社会の中に埋め込まれており、自らの内にもさまざまな「偏見」や「社会通念」が入りこんでいることを忘れているかのように、自らを特権視し、すべてを超越した位置にいるかのように思い込みがちである。バークは、フランス革命を機に暴走しかけているように見える「学問」とそれに基づく「政治」を、その本来の位置に戻そうとしているわけである。バークにとって、「政治」の本質は、新しく発見した数学的原理に基づいて国家を設計することではなく、慣習的な制度の中の叡智を再発見し、実践的に活用する営みにあるのである。

このように、学問的に合理化された知だけではカバーし切れないさまざまな局面において、人々の振る舞いを制御している、(偏見も含んだ)「社会通念」や「生活規則」を重視する、バークの政治思想は、一世紀半後に展開されるハイエクの社会理論に通じている。ハイエクもまた、社会をゼロから計画的に再構築しようとする社会主義などの設計主義と対抗する文脈で、人々の振る舞いを制御している慣習的に形成されたルールの体系に注目し、独自の制度的「自由」論を展開している。そうした新しい「自由」の探究過程でハイエクは、ヒュームと並んでバークから強い影響を受けている。

慣習による国際秩序

バークは、国内政治だけでなく、西欧諸国の国家間関係についても慣習的に形成された秩序を重視する議論を展開している。それが、最晩年の著作『フランス国王弑逆の総裁政府との講和商議についての一下院議員への手紙』(一七九六)である。この著作は、小ピット(一七五九—一八〇六)の率いる内閣が、ジャコバン派失脚後の新憲法の制定に伴って発足したフランスの総裁政府とのあいだで講和を進めようとしていたことに反対するために書かれたものである。「下院議員への手紙」という形を取っているのは、バークがすでに下院議員を引退し、直接、議会での政治に影響を与えることができなかったためである。

タイトル自体が示唆しているように、バークは、フランスの革命政府が国王を処刑したことに拘っている——『フランス革命についての省察』の時点では、まだ国王は処刑されていなかった。ジャコバン派の政府から総裁政府に替わっても、(さまざまな伝統によって支えられてきた従来の安定した国家体制を否定するところから出発した)共和制の実験を継続していこうとする基本的方向は同じであり、革命政府であることに変わりはない。英国政府が、革命政府と講和を結ぶことは、その存在を認めること、ひいては、その思想が欧州全体に拡がる可能性を容認することを含意している。バークにとって、受けいれがたい外交政策である。

この著作でバークは、国家間関係において重要なのは、条約や盟約の形式よりも、宗教、法、慣習、習俗（manners）、生活習慣（habits of life）の調和である、と論じている。訴訟のように、条約の文言に従って、お互いの主張を通そうとすれば、争いにつながりやすくなるが、そうした緊張を和らげるのが、習慣的な交際に根ざした信頼関係である。お互いが同質的であり、同じような考え方をしていると分かるからこそ、互いに信頼することができる。類似性（similitude）による信頼が持続していれば、たとえ戦争が起こっても、一定の枠内に収められ、調停することが容易になる。彼は、欧州諸国が一つの共同社会（Commonwealth）を形成しているという、国際法学者たちの見方を支持する。そのうえで、この「共同社会」を以下のように特徴づけている。

それは実質的に同じ一般法の土台に築かれて、単に地方的な慣習と局地的な制度に多少の相違を有するだけの一大国家である。ヨーロッパの諸国民は同じキリスト教を信仰してその基本的教義について互いに一致し、単に儀式と副次的な教義の面で多少の違いがあるだけである。ヨーロッパ域内の各国の政治経済の全体は同じ源泉に由来し、それは古来のゲルマンもしくはゴート慣習法、——これら慣習法からの流出と考えられる封建的制度に由来するゆえに、全体がローマ法によって体制と秩序へと改善され整備されてきた。（……）これら各種の源泉からは地球のこの地域全体を通じてほとんど同質な習俗と教育の体系が誕生し、それが全体の色彩を和らげ混和し調和させてきた。（……）社交の流儀や生活の全体的形式や風儀の面でのこの類似から、この地域に住むどんなヨーロッパ市民も完全には余所者でありえなかった。そこには心を楽しませ啓発し想像力を豊かにして感情を和らげる気持よい多様な差異以上の要素は存しなかった。（中野好之編訳『バーク政治経済論集』法政大学出版局、二〇〇〇年、九一四頁）

すでに見たように、『フランス革命についての省察』でバークは、国家と教会が一体化した国教会制度の重要性を強調していたが、ここでは政治体制の違いや、宗派や教理の細かい違いも越えて、欧州のあり方を深いところで規定している、キリスト教的文化の一般性に注目している。キリスト教共通の考え方が、ローマ法やゲルマン民族の慣習法から生まれた封建制度と結び付いて、欧州諸国の類似性の基盤になっているわけである。

欧州という「共同社会」を構成する諸国家の中にはすでに共和制へと移行したものもあったが、共和制国家も、共通の源泉に由来する慣習や生活習慣の類似性は保持しており、「よそ者」感はない。しかるに、ジャコバン派の共和国はこの「共同社会」から完全に離脱し、暴力的に絆を断ち切ろうとしている。単に、絆を断ち切っただけでなく、自分たちの考え方を他の欧州諸国にも受け入れさせようとしている。

バークは、一国の支配者がその支配の域内で自らの好むままに――いかなる道徳的制約を受けることもなく――統治する権利があるという考え方を否定する。人間はお互いに完全に独立して生きているわけではなく、長期にわたって一連の行動をとれば、不可避的に周囲の他者に影響を与えることになる。それゆえ、周囲の他者に対する責任（responsibility）を負っている。各人が相対的に置かれている立場によって、この責任に関するルールと原理が規定されてくる。これは、国家同士の関係にも当てはまる。「共同社会」を形成している各国は、その長期的行動方針を決めるに際して、お互いに対して義務を負っているし、権利を持っている。
市民社会で通用している民法では、自分の所有地の中であっても完全に自由に行為することは認められておらず、近所迷惑になるような建造物を建てることに対して、隣人が裁判所に訴える権利が認められている。それによって実際に危害や紛争が生じることが事前に予防される。そうした市民的な相隣関係の法(law of civil vicinity)は、国家間の関係にも当てはまる。国家間の場合は、当事者たちの訴えについて裁定する裁判官はいないが、相隣関係自体が、裁判官の役割を果たす。つまり、隣人であり、類似性があるので、相手方の行為をお互いに熟知しており、誤魔化しようがないわけである。

他の事項と同様に諸個人間と諸国家間について等しく妥当するこの原理はヨーロッパの広範囲な相隣関係に、危険極まる迷惑な建築物の構築に譬えられるべき由々しい改革の進行を察知してそれを予防する義務と権利を課してきた。(前掲書、九一七頁)

したがって、「共同社会」を構成する諸国は、フランスで進行している革命の意味や迷惑さについて判定し、それが危険をもたらす場合は、その進行を阻止する権利を持つだけでなく、義務も負っているのである。バークの国際秩序観では、各国は、主権の論理に従って自らの国益を自由に追求していいわけではなく、「共同社会」の中に埋め込まれており、共同の慣習に従って協調して行動しなければならないのである。

フランス革命を機に、欧州諸国にナショナリズムが台頭しつつあった一八世紀末にあってバークは、文化的類似性と相隣関係という視点から、国家間関係の基礎を（再）発見しようとしたわけである。キリスト教を中心に形成された地域・歴史的な共同性に拘るバークの問題設定は、グローバル化が急速に進み、キリスト教圏に属する国々の意向だけで国際政治を動かすことができなくなった二一世紀にあっては、時代遅れに見える。しかしその反面、個別の国民国家の枠を越えた、ＥＵ（欧州連合）のような地域的共同性を再定義し、深化していこうとする政治的潮流を、先取りしているようにも思える。

第三章　トクヴィル——民主主義の抑制装置

ポスト革命の自由主義とトクヴィル

周知のように、総裁政府に代わって権力を掌握したナポレオン（一七六九—一八二一）は戦争を続けて、一時は西欧の大半を勢力圏に収めたが、最終的に対仏同盟との闘いに敗れて失脚した。ウィーン会議（一八一四—一五）で、欧州をフランス革命以前の状態に可能な限り戻すことが決定され、フランスは王制に復帰した。

しかし、一八三〇年に、選挙権の拡大など自由主義的改革を求める自由主義者を中心とした七月革命が起こり、立憲王制に移行したことに象徴されるように、自由主義の影響は強まった。この時期に台頭してきた自由主義の思想家たちは、フランス革命で、〝民主主義〟が暴走して、恐怖政治に至ったことを反省し、個人の自由を保障することの重要性を強調するようになった。その文脈で彼らは、国王と議会のあいだの緊張関係を通して、個人の自由や権利を保障する仕組みを漸進的に形成した英国の自由主義をモデルにするようになった。

先に触れたスタール夫人は、『フランス革命の主要な出来事についての省察』の中で、かなりのスペースを割いて、英国の自由の歴史を概観し、フランスのそれと対比して、英国流の代議制体を導入すべきことを説いている。政治思想家で小説家としても知られるバンジャマン・コンスタン（一七六七―一八三〇）は、民主主義的決定によっても奪うことのできない個人の自由や権利を保障する規定を憲法に明記する、立憲主義の導入を主張した。

民主主義に内在する危険を解明し、それを抑止するための方策を探究したことで知られる歴史家・政治家トクヴィルは、そうした新しい自由主義思潮の影響を受けながら、自己の思想を形成していく。彼は、ナポレオン時代にノルマンディー地方の貴族の家に生まれたが、親族の多くが革命時に処刑されたり、投獄されている。

王制復古時代にパリ大学で法学を学び、ヴェルサイユ裁判所の判事補になる。一八二九年から三〇年にかけて、歴史家であり、自由主義的政治家（二月革命前に首相に就任）でもあったギゾー（一七八七―一八七四）のパリ大学での講義を聴講する――ギゾーの文明史は、福澤諭吉（一八三五―一九〇一）に影響を与えたことで知られている。三一年から三二年にかけて、刑務所制度の研究のため渡米する。この時の見聞の成果が、アメリカ論の古典として有名な『アメリカの民主政治』（一八三五、四〇）に結実する。この著作は、その後の西欧の知識人たちの「アメリカ的自由」観を強く規定することになる。

一八三九年に下院議員に選出される。四八年に二月革命が起こり、フランスが共和制に移行した後、大統領に就任したルイ・ナポレオン（ナポレオン三世：一八〇八―七三）によって外務大臣に任命される。しかし五一年のルイ・ナポレオンによるクーデターに際して拘束され、それを機に政界を引退し、フランス革命の研究に取り組む。その成果が、『旧体制と大革命』である。

第二復古王政期（一八一五―三〇）に青年期を過ごしたトクヴィルは、ロワイエ＝コラール（一七六三―一八四五）やギゾーなど、王政と自由主義を調和させることを試みた、ドクトリネール＝正理論派（doctrinaires）と呼ばれる穏健な自由主義思想家たちの影響を強く受けた。ドクトリネールたちは、フランス革命以前の絶対王政に回帰しようとする超王党派に対抗すると共に、革命時のようにあまりにも急激な民主化によって社会の秩序が不安定化することを懸念していた。彼らの問題意識を継承したトクヴィルは、民主主義を暴走させず、うまく機能させるには、理念だけでなく、それを支える政治的・行政的諸制度や、社会の中での人々の関係性やメンタリティが重要であるとの視点に立ち、そうした制度を社会学的に探究し続けた。彼にとって、「民主主義」は、決め方のルールというよりは、政治文化の問題である。そうした問題意識から、習俗や慣習の役割を再評価した。

アメリカの民主主義

『アメリカの民主政治』の第一巻の「序論」でトクヴィルは、民主主義革命としてのフランス革命が暴走した原因は、民主主義がいきなり権力を握ってしまい、人々が民主主義に慣れていなかったためであるという見方を示している。

民主主義的革命は社会の物質的なものの中で機能しただけで、この革命を有効なものとするのに必要な法律や理念や習慣や習俗は変化をうけなかったのである。このようなわけでわれわれフランス人は、民主主義をもつことはもったが、その悪徳の緩和や、その本来の美点の伸長ということについては無視されたのである。そしてわれわれフランス人は、民主主義がとりいれている害悪をすでに見て知っているが、まだそれが与えうる長所を知っていない。（井伊玄太郎訳『アメリカの民主政治（上）』講談社学術文庫、一九八七年、二九―三〇頁：一部改訳）

ここから分かるように、トクヴィルは、フランス革命は物質的な変化をもたらしただけで、社会の中での人々の振る舞い方を制御する法律、理念、習慣、習俗を整えることに成功しなかったと見ている。トクヴィルがこの本を刊行した七月王政期に至っても、フランス人たちは、民主主義の本来の長所を認識し、活かしきるには至ってない。

彼の見方では、革命以前のフランスには身分制があったが、国王と人民のあいだには貴族という身分が存在し、王による圧制（tyrannie）は抑止されていた。貴族たちは、平民を自分たちと平等とは見なしてはいなかったが、自らの家畜を見守るようにやさしく見守っていた、という。平民たちは、自分たちの身分を上昇させることができるとは思っておらず、貴族たちの支配を受け容れていた。諸身分のあいだの慣行や習俗によって、人々には一種の権利が保障されていた。社会はそれなりに安定していたわけである。

現代日本人の感覚では貴族制は、国王による圧制を支えているように思われがちだが、モンテスキューは、『法の精神』で、貴族は、教会、地方自治体、職業団体等、他の中間的権力とともに、王権が圧制化するのを抑止し、社会の均衡状態を保つ働きをするという見方を示しており、トクヴィルもそうした見方を継承している。革命によって、そうした身分制による均衡が破壊され、民主主義的な「平等」の理念が普及したが、それと引き換えに、人々は権威を受け容れなくなり、豊かな者と貧しい者のあいだの相互不信が高まり、社会が不安定化した。

トクヴィルは、移民たちによって建国されたアメリカを、民主主義革命を経ないまま、民主主義がその限界まで進んだ国と見なしている。アメリカ人たちはほぼ完全に平等な状態に達している。そのアメリカにおける法や政治、市民社会における道徳を観察することで、民主化の道をさらに進んでいこうとしているフランスにとっての教訓を引き出そうとしたわけである。

彼はアメリカの社会状態は著しく「民主的」であると見ていた。この場合の「民主的」というのは、特権を持った貴族的階級がほとんど育つことなく、知的水準においても財産においても人々が基本的に「平等」であり、かつ、「平等」に対して強い情熱を持っている、ということである。そこから、ヨーロッパには見られない強力な「人民主権 la souveraineté du peuple」の原理が育ってきている。

アメリカでは、人民主権の原理は、若干の諸国民におけるように、隠されているものでもなく、また内容の空虚《くうきょ》なものでもない。そこでは、それは習俗によって確認され、法律によって宣言されている。それは自由とともに拡大しており、何らの障害にであうことなく、その最後の究極の諸結果を達成している。／人民主権のドグマをその正しい価値において評価し、その社会事象への適用を研究し、その利害損失を判断することができる国が世界のどこかに一国だけあるとすれば、その国こそ確かにアメリカである。（前掲書、一一六頁：一部改訳）

建国から半世紀程度しか経っていないにもかかわらず、「人民」主権が単なるドグマ（教義）ではなく、人々の生き方そのものとなっているアメリカは、革命後も古い体制を引きずっているフランスに生きるトクヴィルにとって、ある意味、政治的な〝先進国〟であったわけである。アメリカは、ヨーロッパで生まれた「自由―平等―民主主義―人民主権」の理念が、大きな障害物に遭遇することなく、純粋に現実化しつつある、壮大な実験場であった。トクヴィルは、そのアメリカの州ごとの自治の仕組み、憲法における司法権の位置づけ、連邦制度、政党・選挙制度等について詳細に論述している。

ただし、彼は民主主義の国アメリカを無条件で賛美しているわけではない。アメリカは、民主主義が極限までに進んだがゆえの問題も抱えている。トクヴィルはアメリカの民主主義を観察することで、ヨーロッパが民主化のプロセスを歩んで行くうちに、今後直面することになるであろう問題へのヒントも得ようとした。それは、「多数派の圧制 tyrannie de la majorité」という問題である。

多数派の圧制

「多数派の圧制」という概念が最初に出て来るのは、『アメリカの民主政治』の第一巻第二部第四章の「政治的結社 association politique」について論じる文脈においてである。アメリカにおいては、公安、商工業、道徳、宗教などさまざまな分野において、諸個人の自由のイニシアティヴによる「団体＝結社 association」が多数結成され、市民生活において重要な役割を担っている。そのための団結権（droit d'association）が保障されている。特に、政治的目的での結社の形成には、ほぼ無制限と言ってよい自由が認められている。市民の生活に大きな影響を与える政治問題が生じると、人々は政治的結社を作って、新たな法律を作り、事態を動かそうとする。トクヴィルによれば、そうした団結権の自由は、「多数派の圧制」を阻止するうえで有効であるという。

現代においては、団結の自由は、多数派の圧制に対抗するための必要な保障となっている。アメリカ連邦では、いったんある政党が支配的になると、あらゆる公権力はその政党の掌握《しょうあく》するところとなる。そしてその政党の個々の支援者たちはすべて職をえることとなり、すべての組織力を自由に利用できることになる。反対党の著名人たちでも政権から引離されている障害をのりこえることはできないので、政権の外で身を立てることができねばならない。少数者党は、自らを圧迫している物質力に、自らの全道徳力を対抗させねばならない。したがって、より恐るべき危険に対抗することのできるものは、他の別個の危険である。（井伊玄太郎訳『アメリカの民主政治（中）』、一九八七年、五一頁：一部改訳）

多数派になった政党が国家権力を使って自らの勢力を拡張し、他の党派を抑圧するというのは、フランス革命の進行過程で実際に起こったことであるし、その後の各国の歴史で、しばしば観察されることである。選挙による政権交替が行われるようになると、異なった政策目標を掲げる政党同士の対立が激化し、勝った党が公権力を使って自らの影響をさらに拡大しようとするので、少数派は抑圧されがちである。これは、代議制民主主義が発達するからこそ、起こってくる問題である。特にアメリカでは、連邦と州の立法府に加えて、大統領や州知事を中心に構成される執行部も選挙で選ばれるので、その影響が大きくなる傾向がある。

トクヴィルは、そうした政党政治に内在する危険を抑止するため、他の政党にも団結権を保障するアメリカのやり方を評価する。常に少数政党が存在し、自らの立場を主張することによって、一つの政党が圧倒的な権力を持つことが抑止されるわけである。このように、複数政党の存在を重視する考え方は、部分社会＝党派（société partielle）の存在は、「一般意志」の生成を阻害する傾向があるので認められるべきではないとするルソーの考え方と対照的である。

「多数派の圧制」についてより本格的に論じられているのは、第一巻第二部第七章「アメリカ連邦における多数派の専制権力と、その効果について」においてである。ここでトクヴィルは、「民主主義」の本質が、「多数派の支配 l'empire de la majorité」の絶対性であり、アメリカの諸州はそれを制度的に徹底させようとしていることを強調したうえで、その背景に知性の平等に関する理論があると見ている。それは、誰か特定の権威のある人の意見が常に正しいという根拠はなく、すべての人が知性において平等であるので、より多くの人が支持する意見が正しい可能性が高いという考え方である。多くの人が信じていても間違っている意見はあるが、自然科学的な問題とは違って、法や政治などに関する問題は客観的な答えを出しにくいので、より多くの人が信じ、支持していることが正解ということになりやすい。「民主主義」が純粋な形で実践されてきたアメリカでは、多数に支持されている意見には〝正当性〟があるという考え方に人々が次第に慣れていく。

そこから、「多数派」の意見には〝正当性〟があるので、「多数派」は何をやってもいい、それに抵抗する少数派の方がおかしいとする考え方が生まれてきやすくなる。トクヴィルは、「多数派の意志」が「権力」の源であるという民主主義の基本原則を認める一方で、「多数派」だからといって、その反対者に何をしてもいい、という考え方の危険性を指摘する。多数派が、少数派の自由を奪うことがあれば、それは「正義」に反する。

全能は、それ自体としては悪い危険なもののように思われる。その権力の行使は、どのようなものであっても人力を超えているように思われる。そして、神のみが何らの危険なしに全能でありうるとわたくしは信じている。（……）したがって何らかの権力に、すなわち人民または王とよばれるものに、民主政治または貴族政治とよばれるものに、そしてまた王政治または共和政治で行使される権力に、何をしてもよい権利と能力とが与えられるとき、わたくしは「そこに圧制の芽がある」というのである。（前掲書、一七三頁）

ラテン語に「民の声は神の声 vox populi, vox Dei」という古い格言があるが、「民主主義」は往々にして、「民の多数派の声」を「神の声」であるかのように全能視しがちである。それに対してトクヴィルは、「全能」の存在として振る舞ってよいのは神だけであり、神以外のものに何をしてもよい権利や能力が与えられれば、不可避的に「圧制」が生じると考える。知性の平等理論に支えられた「多数派」は、全能感を持ちやすく、それゆえ、「圧制」を生み出しやすい。

アメリカでは、多数派によって選ばれた公務員に大幅な自由裁量を与える法制度が採用されている。多数派は、公務員を自らの代理人と見なし、時として、公務員が法律の限界を超えて「専制的権力 l'omnipotence」をふるうのを許し、世論によって保護する。また、アメリカでは言論の自由は形式的には保障されており、多数派の見解に反する意見を表明することは違法ではないが、それをやった人は社会的に迫害や嫌がらせを受ける可能性が高い。そのため、最初から少数派の意見を表明することを控える人が多くなるし、表明しようにも発表媒体がない。アメリカでは、社会の多数派の宗教や思想を批判するような書物はほとんど刊行されていない。その意味でアメリカには「精神の自由 liberté d'esprit」がないように見える。

こうした多数派の圧制が強化されていくと、意見を抑圧され続ける少数派は絶望し、最後は暴力に訴えるようになる恐れがある。それは、無政府状態につながる。第三代の大統領ジェファソン（一七四三―一八二六）や第四代大統領マディスン（一七五一―一八三六）も、民主主義の下での多数派の圧制から無政府状態が生じて来ることに対する懸念を表明している。

多数派の圧制を緩和するもの

ただし、アメリカの民主制には「多数派の圧制」を緩和する仕組みもある、とトクヴィルは見ている。最初に、アメリカの連邦制を挙げている。

「多数派の圧制」は、中央に権力が集中していることによって強化される。トクヴィルは、中央集権の二つの側面を区別する。一つは、「統治の中央集権 centralisation gouvernementale」、もう一つは、「行政の中央集権 centralisation administrative」である。前者は、一般的法律の策定や対外関係の方針を決定する権限が同一の場所または人に集中していることを、後者はそれを執行するための行政権力が同一の場所または人に集中していることを意味する。アメリカにあるのは、前者だけで、後者はないという。

つまり、多数派が構成する中央（連邦）政府が、少数派を抑圧する決定を行ったとしても、アメリカ全体でそれを完全に実行するだけの行政機関がない。アメリカは、各州の自治をベースとする連邦制を採用し、かつその州内でも、郡やタウンシップ、村などの共同体が、大幅な権限を持って自治を行っている。これらの単位共同体の政治は、選挙によって選出される、（相互に独立の権限を持つ）公務員たちを中心に運営されているので、恒常的な行政権力は形成されにくい。連邦政府が、専制的な支配を及ぼそうとしても、すぐに利用できる手足がない。州や地方自治体の公務員を利用するしかないが、彼らは全米的に組織化されていないし、連邦政府によって任命されているわけでもないので、思うように動かすことはできない。警察も、全米規模で組織化されていないし、人員も少ない。その役割も犯罪の捜査、取り締まりに限定されており、旅行免状の発給のような行政的な役割は果たしていない。

こうした行政的中央集権の不在は、フランスとの大きな違いである。革命前のフランスでは、王に立法権が集中していたが、地方の行政機構は十分に整備されておらず、王に全面的に服従しているわけではない貴族や教会など中間的権力の影響力も強かった。フランス革命後にできた政権は、王の政治的権力を奪うとともに、地方の封建的諸権力を破壊し、中央集権化を進めた。そのため多数派の圧制が起こりやすい状況が生まれた。この点についての問題意識は、『旧体制と大革命』で本格的に展開されることになる。

トクヴィルは、アメリカの民主政における多数派の圧制を抑止するもう一つの制度的要因として、「法律家 légiste」の「権威 l'autorité」を挙げている。ヨーロッパ諸国では、法律に関する専門的知識によって、統治に関与し、市民相互の紛争の仲裁に当たる法律家は社会の中で特権的地位を占めており、同業者の「団体」を作る傾向がある。彼らは、貴族と同じような趣味を持っていることが多い。民衆によって社会や政治が動かされることを嫌う彼らは、君主の権力を支えることもあるが、権力から排除されれば、フランス革命時においてそうであったように革命で指導的役割を果たすこともある。

いったん民主政が確立すると、法律家たちはそこでも固有の位置を占め、その安定化に寄与するようになる。富者、貴族、君主が政治の中心から排除された後の民主的社会では、法律の知識によって社会を啓蒙する法律家は、人民が指導者としてもっとも信頼しやすい存在となる。そういう立場に置かれた法律家は、民主主義を好むようになるが、情熱に駆られて「多数派の圧制」を促進したり、「自由」を求めるあまりアナーキーへと走ることなく、「合法性 légalité」に基づく「秩序 ordre」を優先する。

特に英米の法律家は、先人たちの作りだした法制を保存し、祖先の法的意見や判断を基に自らの意見や判断を形成しようとする。彼らにおいては、古いものへの趣味と尊敬が、規則的なものや合法的なものへの愛と結びついている。彼らが、民主政の行き過ぎにブレーキをかけ、秩序立った統治を可能にしているのである。

アメリカ的人民がその情念によって熱狂せしめられるとき、またはその観念の流れにひきずりこまれるときに、法学者たちは人民に節度を守らせ、暴走を抑止するほとんど眼に見えない束縛を人民に対して加えるのである。彼らは人民の民主的本能に自らの貴族的傾向を密かに対抗させる。そしてまた、人民の革新欲に、古いものに対する自らの迷信的尊敬を、人民の巨大な計画に、自らの狭い見解を、人民の規律への蔑視に、自らの形式好みを、人民の激情に、自らのゆっくりと進もうとする習慣を、それぞれ対抗させる。(前掲書、二〇六頁：一部改訳)

ここでの書き方から分かるように、トクヴィルは法律家の保守的な傾向を必ずしもそれ自体として高く評価しているわけではない。個々の法律家の道徳性や専門職業意識に対して強い期待を抱いているわけでもない——自らも法律家であるトクヴィルの法律家観はかなりアイロニカルである。しかし、慣習的に積み重ねられてきた「規則」に拘り続ける法律家の保守的体質が、多数の意志によって社会をラディカルに変革しようとする人民の激情を抑制し、秩序形成へ誘導していると見る。法律家自身が意図しているか否かにかかわらず、彼らの存在自体が、カウンターバランスとして機能しているのである。アメリカのような、貴族制を経験していない純粋な民主主義社会では、そうした役割が特に重要である。

法律家は基本的には法廷で仕事をする存在であるが、アメリカでは多くの法律家が立法府や行政府で重要な公務に就いており、政治に影響を及ぼしている。民衆は、法律家がそうした地位を引き受けるよう要請する。政治家の中に法律家が含まれているということもあって、政党間の対立の焦点になっている政治的問題の多くは、法学の考え方を援用する形で論じられ、司法的問題として解決される。たとえば、連邦と州の権限や、市民の基本的権利をめぐる論争は、憲法解釈の枠で論じられ、連邦最高裁で正しい解釈が示されることによって、決着がつけられる。

アメリカの司法で広範に採用されている陪審制、特に民事陪審制は、民衆のあいだに法律家的な物の見方が浸透することに寄与している、という。陪審員として裁判に臨み、第三者的な立場から、いずれの当事者にも偏らない公正な判断をするよう求められることによって、市民たちは、自分たちの日常のさまざまな（民事の）問題を、裁判官的な視点から見直すことになる。人々が裁判や権利の意味について自らの頭で考える契機となる陪審制は、人民のあいだに共和主義的態度を培う政治的機能を担っているとトクヴィルは考える。それは、主体的に集団的自己統治に参加しながら、その方向性を「法」の視点から抑制する法学者的なまなざしを兼ね備えた態度である。トクヴィルの陪審制に対するこうした見方は、裁判員制度の政治的意義をめぐる日本の議論でもしばしば参照される。
フランス革命の指導者や功利主義者であるベンサムが、民衆の支持を得た民主的立法を通して、社会を合理的かつラディカルに変革しようとしたのに対し、トクヴィルは、現実の社会の中で法を運用している法律家たちの貴族的保守性の現実的な効能に注目する。

法律と習俗

トクヴィルは、アメリカで民主共和国が維持されている三つの要因として、①アメリカの物理的（地理的）環境、②法律、③習俗（mœurs）——を挙げている。この三者の中でもっとも重要なのは③であり、重要度が低いのは①である。
①の重要度が低いのは、アメリカ合衆国と同じような広大な土地と豊かな資源を持った国、例えば、中南米の諸国で、同じようなレベルで民主政が発達しているわけではないからである。②の法律は、すでに見たように、民主主義を安定化させるうえで重要な役割を果たしている。しかし、メキシコは同じような法制度を採用しているにもかかわらず、民主主義が成熟していない。また、アメリカの法制度には、修正すべきさまざまな欠陥がある。トクヴィルは、アメリカ合衆国の東部で共和政治が規則正しくかつ強力に出現している原因は、「習俗」だと見ている。この場合の「習俗」というのは、人々の心の習性（habitude）、人々が共有している諸概念や意見等を指す。

トクヴィルは、「民主主義」の発展に有利な、アメリカ的な「習俗」として、実践的知識や実証的概念を重んじる態度を挙げている。アメリカには、学者として物事の本質を理論的に探究しようとする人はさほど多くいないが、経験を通して獲得された実践的知は、教育や新聞雑誌などのメディアを通して、社会全体に速やかに浸透していく。ヨーロッパのような一部の理論家による啓蒙ではなく、民衆自身による相互的な啓蒙が活発である。

彼らは、立法に参加することを通して法律を学び、政治を実践することを通して政治の諸形式を学んでいる。アメリカ人の教育は、市民としての「公共生活 la vie publique」に必要な習慣を身につけることに重点を置いている。彼らは、社会がどのような仕組みで動いているのか実践的に知っているのである。

トクヴィルは、そうしたアメリカ人の「習俗」は、「宗教」によって支えられていると見ている。いかなる宗教的な至上権にも屈することなく、信教の自由を求めて北米にやってきた移民たちによって建設されたアメリカでは、キリスト教が人々の公共的生活と深く結びついている。アメリカのキリスト教は、概して、共和制や民主制を促進する傾向がある。信仰における自由と平等の探究が、植民地建設の原点になったからである。一八世紀末からのアイルランドからの移民の増加に伴って、カトリック人口も増えているが、彼らもアメリカの中では少数派であり、貧しいということもあって、平等を志向する傾向があり、少なくとも、共和制と民主制に敵対するような態度は取っていない。

キリスト教の諸宗派は、人々が自由を尊重するとともに、秩序を愛し、公平性を重視するように仕向けるので、多数派の圧制を抑止する働きをしている。アメリカの聖職者たちは、信仰を通して習俗の在り方に影響を与えているが、自ら公務に就いて、政治的権力を掌握することは避けている。彼らは政教分離の原則を守ることによって、宗教の影響力が平和裏に保持されることを理解しているように見える。

アメリカ人たちにあっては、社会の政治に直接的には介入しない宗教は、彼らの政治的諸制度（institutions politiques）の中の第一の制度として考えられねばならない。なぜならば、宗教は彼らに自由好みを与えてはいないとしても、著しく自由の行使を容易にしているからである。アメリカ連邦の住民たちは、またこの見地で宗教的信仰を考えているのである。すべてのアメリカ人が自分たちの宗教を本当に信じているかどうかは、私には分からない。何故かというと、誰にも心の底までは分からないからである。けれども彼らが、共和的諸制度の維持にその信仰が必要だと信じていることは明らかである。この意見は市民たちのある一つの階級や、ある党派に当てはまらないとしても、国民全体には当てはまるのである。これはすべての地位の人々に見出されるのである。

（……）

アメリカ人たちは、西部の新しい諸州に牧師を派遣するために、そしてそこに、学校や教会を建設するために団結しているのを、私は知っている。アメリカ人たちは、森の中で宗教が失われはしないかを、そして森の中で育てられる人民が森を出てゆく人民と同様に自由でありえないのではないかを、恐れている。私はミズーリ河の岸辺に、またはイリノイ州の草原に、キリスト教と自由とを打ち立てるために、自分たちの故国をすてたニュー・イングランドの富裕な住民たちに出会ったのである。このようにしてアメリカ連邦では、宗教的情熱が絶えず愛国心の原動力をつちかっている。（前掲書、二五六―二五七頁：一部改訳）

アメリカの市民たちは、信仰と自由が一体不可分の関係にあり、信仰が、自由な生活と国家の統合性の基盤になっていることを知っている。彼らは宗教を、開拓地に形成されつつある新たな共同体に移植し、民主主義的な習俗の基盤にしようとする。素朴に宗教を信じているだけでなく、宗教の社会的・政治的機能を理解して、活用しているわけである。

人々に一定の習俗を身につけさせて、民主主義の暴走を抑止し、自由な政治体制を安定させる機能を宗教が担っているというトクヴィルの基本的認識は、バークと共通している。ただし、英国を基準に考えるバークが、国家と教会が直接に結びついた国教会制度を擁護していたのに対し、信仰の自由と政教分離を出発点とするアメリカを基準に考えるトクヴィルは、宗教が政治に直接介入せず、共同体内での習俗の改善という面から間接的に制御することを重視するわけである。

習俗や宗教を重視するトクヴィルの姿勢は、「多数派の圧制」から「個人の自由」を防衛する方策を模索する点では彼とかなり近いと思われる、ジョン・スチュアート・ミル（一八〇六―七三）のそれと異なっている。

ベンサムに代わって功利主義を代表する理論家になったミルは、当初はベンサムの思想を継承し、経済学や論理学等に応用展開する仕事に専念していたが、トクヴィルの『アメリカの民主政治』を読んで、「多数派の圧制」という民主主義化した社会ならではの問題に関心を持つようになる。ベンサムの「最大多数の最大幸福」の原理だけでは、多数派とは異なる価値観を持つ人の「自由」や「権利」が侵害されることに懸念を抱く。彼の政治哲学上の主著であり、ロック以来の古典的自由主義を集大成するテクストとされる『自由論』(一八五九)でミルは、他者に危害を与える恐れがなく、自己自身のみに関わる行為の領域(=私的領域)は個人の自己決定に委ね、民主主義的決定に服すべき公的領域とはっきり切り分けるべきことを提唱している。

しかし、もともと功利主義者であり、政治における科学性・合理性を志向するミルは、慣習(custom)が人々の行為を規制する主要な原理になっている社会では、慣習の専制(despotism of custom)が起こり、各人が個性を発達させることが困難になることを指摘している。また、宗教に関しては、超越的なものへの信仰の意義を全否定しているわけではないものの、信者の内面を規制する強い教義を中核として組織化された宗教が人々の精神に及ぼす影響をかなり否定的に評価している。ミルにとって、慣習(習俗)や宗教は、「多数派の圧制」につながりやすい要素である。ミルは、あくまでも自らの幸福を追求する各人の(理性的)自律に重きを置き、自由な個人が育ちやすくなるための、表現の自由の保障や選挙制度の改革、教育の整備などの環境作りを提唱する。

英米系の自由主義系政治哲学の集大成者とされるミルと対比した場合、トクヴィルの政治哲学は、個人の意志を超えて働く習俗や宗教を重視することを特徴としており、ヒュームやバークに連なる保守主義的傾向があると言える。

民主的専制

一八四〇年に刊行された『アメリカの民主政治』の第二巻は、アメリカの民主主義が、人々の知的活動（科学、芸術、文学等）、信仰、自由観、職業観などにどのような影響を与えているかを論じたうえで、民主主義の下で培われた「平等 égalité」観が中央集権化を促進する可能性があることを強く示唆している。先に見たように、中央集権化が進むと、民主的に選出された政府が、暴走しやすくなる。では、「平等」と中央集権化のあいだにどのような関係があるのか？

トクヴィルは、「平等化」が進行するにつれて、人々が長期にわたって次第に「隷従 servitude」へと導かれていく傾向があることを指摘する。前近代的な身分制がなくなって、各人が独立し、お互いに平等な立場になれば、「隷従」ということはなくなるのではないかと思えるが、トクヴィルは、民主化＝平等化が進んだ社会では、人々が唯一の集権的権力と、一律的な法制度を求めるようになるので、権力に対して自発的に隷従しやすくなると示唆する。では、どうして、大きな権力と一律の法制度を求めるようになるのか？

トクヴィルは民主主義的な社会に生きる人たちが、他者が自分よりも優位な立場にあることに耐えられなくなることに注目する。身分制がある社会に生きる人は、自分より高い身分の人が多くの特権を持っていること、不平等を当然のこととして受け止める。しかし、全ての人は平等であり、相互に独立すべきであるという考え方が共有されるようになると、他人が自分より優位にあるように見えることを許せなくなる。特権を持っている人が少なくなればなるほど、特権を持っている特定の人の存在が許せなくなる。簡単に言うと、嫉妬心が強くなるわけである。

身分制に由来する不平等があった社会では、平民は貴族と自分を比較するなどという発想を持ちにくかったが、平等化した社会では、人は同等者であるはずの自分と他者を比べ、他者の方が特権を持っているとすれば、それを奪って平準化しようとする。そこで、徹底した平等化を実現してくれそうな、集権化された権力が支持されやすくなる。


すべての地位が不平等であるときには、どんなに大きな不平等でも、それを眼にする人を傷つけることはない。これに対して、一般的均一性（l'uniformité générale）の下では、どんなに小さな相違も、人々の心に衝撃を与えるのである。そして均一性が一層完全になるにしたがって、そうした相違を見ることが耐えがたくなってゆく。それ故に、平等への愛は平等それ自体と共に、絶えず増大し、そしてこの平等愛は満足させられることによって、一層発展していく。

民主的人民が微少な特権に対して心のうちにかきたてられる、亡びることのない、そしてますます燃え立ってゆく嫌悪のため、奇妙なことに、すべての政治的権利は徐々に国家の唯一の代表者の手に集中されていく。競争相手もなく、そして必然的にすべての市民の上に優越している主権者は、市民たちの誰の羨望も刺激しない。そしてそこでは、各市民は自ら主権者に譲渡するすべての特権を、自らの平等者たちからもとり除くことができると信じている。（井伊玄太郎訳『アメリカの民主政治（下）』、一九八七年、五二一―五二二頁：一部改訳）

中央に権力が集中すれば、(権力中枢から遠いところにいる)すべての人々は権利のうえで平等になる。加えて中央集権化された権力は、すべての人民を一元的＝均一に統治することになるので、平等を求める各人の願望を充足する。人民は、中央権力の受託者のやり方を嫌うことはあっても、中央権力自体は愛するようになる。

その過程で、人々は自由や独立よりも、平等を好むようになる。アメリカ人は長い間、中央にあまり権力が集中していない状態で、自由に生きてきたので、自由よりも平等を愛するようになりにくいが、ヨーロッパ人は長い間、自由を知らずに生きてきて、革命を通して一気に平等を獲得したので、平等を優先して、中央権力の強化を支持することになりがちである。

住民たちによる自治の経験を持っているイギリスやアメリカと違って、ヨーロッパ大陸では、地方の行政は、貴族などの中間的権力(pouvoirs intermédiaires)に担われていた。革命によってそれらの権力が解体されても、一般民衆は行政を担う準備ができてない。そこで、中央政府が全国統一的な行政機構を作る必要が生じてくるし、民衆もそれに依存するようになる。ナポレオンが強い行政権力を構築することができたのも、人々のあいだに集権化された中央権力に従おうとするメンタリティがあったからである。身分制の絆から解き放たれたものの、自分と同等の——お互いのあいだの強い絆を欠いた——市民たちから成る市民社会の中で十分に個性を発揮することができないまま、群衆の中に埋没していき、無力感を感じている人々の不安が、そうした傾向にさらに拍車をかける。

民衆の支持を得て成立した中央集権化された権力は、パターナリズム（父権的干渉主義）的な性格を持つようになる。つまり、各人を自立できない未成年者のように扱い、些細なことにまで干渉するようになる。市民たちの安全を保障し、彼らのニーズを予見して確保し、彼らが快楽を得られるようにし、産業を指導し、財産の相続の仕方を規制するようになる。父権的権力は、市民たちに代わってさまざまなことを考え、世話をし、彼らを未成熟状態に留めることで、自らの支配を永続化させる。

このように民主主義の下で、人々の願望に答える形で強い専制的権力が生まれることを、トクヴィルは、「民主的専制 despotisme démocratique」と呼ぶ。民主的専制は、人々に自分たちが自由を失っていると思わせず、むしろ自分たちは主権者であると思わせたまま、統治する。その意味で、単なる「多数派の圧制」よりも危険である。

> われわれの同時代の人々は、絶えず次のような二つの相対立し矛盾している情念によって駆り立てられている。すなわち、これらの人々は、導いてもらいたいという欲求と、自由のままにとどまりたいという欲求とを感じている。彼等はこれらの相反する本能のいずれをもなくすることができないので、同時にこれら二つの欲求を満足させようと努力する。彼等は、市民たちによって選ばれる、唯一無二の後見的な全能的な権力（un pouvoir unique, tutélaire, tout-puissant）を想像する。彼等は中央集権と人民主権とを結びつける。この結合は彼等に心のくつろぎを与える。彼等は自分たち自らが、自分たちの後見を選んだのだと考えて、後見される

ことで心を慰められる。各個人は鉄鎖の一端を握っている者が、一人の人間でも一つの階級でもなくして、人民自体であるのを見ているために、鉄鎖に自らが結びつけられるのを苦しまずに耐え忍んでいる。（前掲書、五六一頁：一部改訳）

民主的専制は、人々の矛盾する二つの欲求を満足させるかのような外観を呈することで、人民の支持を獲得していく。この形態の専制は、選挙や人民投票などの民主的手続きを経たうえで、集権化された権力機構を築きあげていく。ナポレオン一世の統治や、『アメリカの民主政治』第二巻が刊行された八年後に共和国大統領に選出された、ナポレオン三世による統治は、その典型である。

二〇世紀に登場した全体主義は、社会的な絆を失い、長引く不況の中で不安に駆られている大衆の支持を得て政権を獲得した後、人々の生活を経済、文化、思想、教育、社会参加などさまざまな面にわたって細かく均一に管理する、集権的体制を確立した。トクヴィルの「多数派の圧制」論や「民主的専制」論は、そうした将来の危険を予見していたかのようにさえ見える。

旧体制のフランス

『旧体制と大革命』でトクヴィルは、『アメリカの民主政治』ですでに指摘していた、行政の中央集権化の問題を、フランスの歴史に関して論じている。この本で彼が扱っているのは、フランス革命前の旧体制（アンシャン・レジーム）、特に一八世紀のフランスの政治・社会・経済構造の分析である。タイトルが示唆しているように、この本はもともと、旧体制との連続・断絶という視点からフランス革命を再考することを意図していたが、フランス革命そのものについて考察するはずだった後篇は、トクヴィルの死によって未完に終わった。

この著作を通してトクヴィルは、行政の中央集権化は、フランス革命以前にすでに旧体制下で始まっており、それに伴って人々の習俗や信仰の在り方、思想も変容していたことを主張している。トクヴィルは、そうした変化が、フランス人が「自由」それ自体をあまり顧みなくなった遠因だと見ている――この本が刊行された一八五六年は、ナポレオン三世による第二帝政の時期である。フランス革命から半世紀以上も経って、旧体制についての記憶が薄れていく中にあって、多くの史料を駆使した歴史的研究を通して、フランスが抱える問題の根っ子を明らかにしようとしたわけである。

フランスでは封建体制が崩壊した後にも、「都市の自由（自治）la liberté municipale」が存続し、いくつかの都市は民主的小共和国の様相を呈していた。そうした都市では、行政官は全市民の自由意志による選挙で選ばれていた。都市の生活は公共的であり、活発であった。

そうした都市の民主的性格を恐れたルイ十一世（一四二三―八三）は都市の自由を制限したが、選挙された行政官を中心とする都市の自治は一七世紀末まで続いた。選挙制度が完全に廃止されたのは、一六九二年、ルイ十四世（一六三八―一七一五）の時である。ただし十四世は、都市の自治を恐れたわけではなく、財政的理由からそうした。都市の選挙制度をいったん取り上げたうえで、都市に役人選出の権利を買い戻させた。それによって財政を補塡したわけである。その後も中央政府は、何度か役人選出の権利を取り上げては、買い戻させるということを繰り返している。

これと並行して、もともとすべての市民から構成され、市政府の選出母体であったはずの「総会 l'assemblée générale」は、同業組合（corporations）や団体（compagnies）を代表する名士たち、ブルジョワ（中産階級の市民）の集まりになり、職人たちはそこから排除されるようになった。市民たちは都市の自治に参加すること＝自由への関心を失い、少数の有力者が、市民たちにいかなる責任も負わないまま市の行政を処理するようになった。

都市の自治が形骸化するのに伴って、中央政府が都市の行政の細部にまで介入するようになった。国王顧問会議（le conseil du roi）が決めた方針や規則に従って、地方長官（intendant）が市税の徴収、訴訟、市有財産の管理、公共事業等を取り仕切ることになった。

農村でもかつては、カトリック教会の司祭の管轄区域である小教区（paroisse）を基本的単位として、領主から独立の自治が行われていた。全住民によって、行政官が選出されていた。トクヴィルが高く評価するアメリカのニュー・イングランドのタウンシップのそれと似た自治の仕組みが、かつてはフランスの農村共同体にもあった、という。こちらでも、都市とは異なった経緯を辿ったものの、共同体の自治が形骸化し、中央政府の管理下に入っていった。領主である貴族たちの権限も縮小され、地方長官を通しての中央集権的な行政に取って替わられた。

地方の権力が削減されるのと反比例して、首都であるパリに権力が集まった。パリは次第に拡大していき、貿易、商業、芸術、思想などのさまざまな活動が一極集中し、モンテスキューやルソーなどの啓蒙の知識人たちが活躍する一八世紀半ばには、パリがフランスそのものであるかのような様相を呈するようになった。

このように説明すると、中央集権化が進んだ一八世紀のフランスでは、（将来、民主主義の基盤となるべき）共同体の自治が破壊され、「公的自由 libertés publiques」が失われたことにより、自由を求める諸個人は抑圧されていたという認識をトクヴィルが持っていたように聞こえるが、必ずしもそうではない。トクヴィルは、旧体制には依然として、絶対的権力を抑制して、一定の自由を確保する諸制度が備わっていたと見る。

一方で、中央政府はすべての地方の権力にとって代わり、公権力の全領域を少しずつ掌握していったが、他方で、政府のこうした動きを抑制したものがある。すなわちそれは、政府が存続を認めていた古い諸制度、あるいは自ら新しく設立した諸制度、そして古い慣行・習俗であり、さらに悪習もそのうちに数えられる。これらは、抑制作用ばかりでなく、大多数の人々の心の奥底にずっと抵抗精神を持続させ、気骨ある多くの人々に芯の強さと輝かしさを失わせなかった。（小山勉訳『旧体制と大革命』筑摩書房、一九九八年、二六三頁）

では、どのような制度や慣行・習俗が中央政府の専制を抑止していたのか？　先ず、貴族を挙げることができる。貴族は、市民の一般的自由について関心は持たないけれど、自分たちがこれまで保障されていた自由には強く拘っており、国王とその官僚たちが、自分たちの自由を奪うことには強く抵抗していた。彼らの特権や偏見が、行政の中央集権化に対する抵抗の拠り所になっていたという。

カトリック教会の聖職者たちも古くからの特権に固執し、しばしば不寛容であったが、彼らは教会としての自治を保持し続けていた。教会内部にも、上級聖職者の下級聖職者に対する圧制を抑制する仕組みが備わっていた。彼らのあいだには、世俗の権力に対する独立心が培われていた。個人の自由を保障する法的手続きを整備することや、全国三部会を毎年召集することを、王の政府に対して要求した。

ブルジョワも、強い独立精神を保っていた。彼らは、（自分たちを民衆から隔てる）官職や特権を手に入れることに熱心であり、似非上流階級のように振る舞うことが多かったが、自分たち階級の利益は強く主張した。

旧体制下では、政治的自由は保障されていなかったが、誰かが自由のための抵抗を行えば、それに注目する人たちがいたし、そうした人の声を広く知らしめるための司法手続きがかなり整っていた、という。旧体制下の裁判は複雑で迅速性に欠け、金もかかったが、裁判官の身分は政府から独立していたため、権力の干渉によって裁判がねじ曲げられることはなかった。裁判官はしばしば、政府の専制的なやり方を批判した。

こうした中間権力の習俗や司法制度によって守られていた、旧体制下の「自由」の状況についてトクヴィルは、以下のように特徴づけている。

旧体制とは卑屈と隷従の時代だった、という見解は誤りだろう。そこでは、今日よりも多くの自由が支配していた。ところがそれは、規律もなく間欠的で、つねに階級の枠内に閉じこめられた自由、例外と特権の観念と結びついた自由だった。この自由は、専制のみならず法律にも敢然と立ち向かうことを可能にしたが、全市民に最も当然で必要な保障を与えるにはいたらなかった。自由は、こうして制限され歪んではいたが、まだ可能性を保っていた。中央集権は、あらゆる個性を徐々に平均化し、穏当にし、喪失させようとしていた。しかし、まさにそのときにあたって、大多数の個人が生得の特性、色つや、顔立ちを失うことなく、心には自尊心を育み、多くは名誉欲を最高の欲求とすることができたのは、こうした自由のおかげだった。

（前掲書、二七七頁）

（フランス革命との対比で）伝統的制度が人々の「自由」を保障するうえですぐれていることを一方的に強調する傾向があるバークと違って、（「革命」が当初は人々の「自由」への情熱を原動力としていたことを認める）トクヴィルは、旧体制における「自由」が、極めて偏ったものであり、歪んでいたことを率直に認めている。しかし、たとえ歪んだ形の「自由」であっても、その「自由」を支えている諸制度が、中央政府の均一化政策に人々が抵抗し、自尊心や名誉心を育む基盤になっていることを強調しているわけである。ちぐはぐな制度であっても、「自由」を擁護するうえで役に立つのなら、その機能に限定して評価しようとする姿勢がトクヴィルの思考の特徴である。

「自由」を破壊した思想

フランス革命の指導者たちは、結果的に「自由」よりも「平等」のための中央集権化を優先する政策を取った。その過程で、権力の抑制装置であった宗教、慣習、法律を旧体制の遺物として破壊し、暴走していった。

トクヴィルは、そうした革命思想の淵源を、一八世紀半ばの啓蒙主義の哲学者たちや重農主義者たち（physiocrates）が、公的自由を軽視していたことにあると見ている。重農主義というのは、農業を中心として経済システムを分析し、効率的な経済運営を提言した学派である。代表的な理論家に、『経済表』（一七五八）によって経済の循環サイクルを描き出し、重商主義的な国家の保護・統制を批判したケネー（一六九四―一七七四）や、ルイ十六世の下で財務総監を務めたテュルゴ（一七二七―八一）がいる。

重農主義者は、商工業については「自由放任 laissez-faire」を原則と考えていたが、「政治的自由」の重要性は認識していなかった。そのため農業を全国的に効率的に再編するに当たって障害になる、議会や地方権力を敵視した。彼らは、市民が啓蒙されれば、専制はなくなると考え、「公教育 l'éducation publique」の充実を提唱していた。これは一見、市民の「自由」を強化する政策のように思えるが、裏を返して言えば、国家が教育を通して、市民の内面をコントロールするということでもある。

重農主義者たちによれば、国家は国民を支配するだけでなく、特定の方法による国民形成を行わなければならない。あらかじめ国家が示した特定のモデルに従って、市民の精神を育成することも国家の任務である。国家の義務は、市民の頭に特定の思想を植えつけ、市民の心に国家が必要とみなす特定の感情を吹きこむことである。実際、国家の権利には何の制限もなく、国家のなしうることにも限界はない。国家は人々を教化するだけでなく、変貌させるのである。すべてのことが、国家だけに属することになるだろう。(前掲書、三四一―三四二頁)

これは結局のところ、完全に平等な諸個人から成る「国家」という名の巨大な社会権力を創造し、その「全体意志 la volonté de tous」に各人の権利を従属させようとする思想であり、「民主的専制」を意味する。重農主義者の中には、全能の政府によって財産の共有、労働の権利、絶対的平等、全体的均一性、個人の運動の機械的規則性等を実現しようとする、後に「社会主義」と呼ばれることになる構想を示した者もいる。彼らは、自由よりも合理的な改革を求めていたのである。

自由よりも改革を優先しようとする傾向は、必ずしも重農主義者に特有のものではなく、当時のフランスの知識人たちの多くに共有されていた。七〇年代以降から革命勃発期にかけて、自由と平等を求める市民の声が高まっていく中で、立法における人民主権と無制限な中央集権を組み合わせること、つまり、行政権力を強化することを通して、(人民が望む)改革を実現する方向が志向されるようになった。

しかし、(中央の権力に抗して)諸個人の「自由」を守る制度の必要性を十分に認識していなかった革命の指導者たちは、「自由」に反する旧体制の制度、思想、慣習を破壊する過程で、「自由」を守るうえで不可欠な仕組みまでも一緒に破壊した。それに代わる「自由」のための新しい制度を築くことにも成功しなかった。「自由」のための「革命」が、「自由」を破壊してしまうという逆説が続く中で、フランス人たちは次第に「自由」に対する情熱を失っていった。

この六〇年来フランス人は、自由な政治の実現をたびたび試みては失敗を繰り返してきた。その失敗に続いて、大きな不幸をもたらす革命が何度か起こった。こうして多くのフランス人は、度重なる努力に倦み疲れ、労多くして実りの少ない試みにうんざりした。そこで、第二の目的たる自由を捨てて第一の目的たる平等に立ち戻り、一人の支配者のもと平等に生きることは結局はまだある種の喜びである、と考えるにいたったのである。（前掲書、三四八―三四九頁）

第四章　バジョット――無駄な制度の効用

一九世紀半ばの英国

ウォルター・バジョット（一八二六―七七）は、一九世紀半ばの英国の政治評論家である。英国の憲法＝国家体制の特徴を論じた、彼の主要著作『イギリス憲政論』（一八六七）は、バークの『フランス革命についての省察』に次ぐ、英国の保守主義の政治哲学の古典と見なされている――この著作の中の英国王室に関する記述は、福澤諭吉の皇室観に影響を与えている。銀行家の家に生まれ、自らも銀行経営に携わった彼は、その経験を生かして、英国の中央銀行であるイングランド銀行の歴史と、その金融政策上の役割について論じた『ロンバード街』（一八七三）を著している。これは、中央銀行を中心とする通貨制度の研究の古典となっている。

ロンドン大学でヒューム、カント、ミル等の道徳哲学を学んだ後、弁護士になるべく勉強していたが、途中で放棄し、気分転換のためにパリに赴き、その際に、ルイ・ナポレオン（ナポレオン三世）によるクーデターに遭遇する。

当時の英国の世論は、共和制を陰謀によって打倒したルイ・ナポレオンに批判的であったが、バジョットはユニテリアン系——ユニテリアンは、三位一体を否定し、神の唯一性を主張するキリスト教の一派——の雑誌に、伝統的に形成されてきた社会構造の維持というバーク的な視点から、クーデターを支持する論考を発表した。私的所有の廃止にまで突き進んで行こうとするプルードン（一八〇九—六五）等のラディカルな革命勢力の伸長を抑止して、人々を安心させるには、ルイ・ナポレオンのそれのような強い権力が必要であるという。これを機に、バジョットは、保守系の政治評論家として広く知られることになった。

バジョットが活躍した一八五〇年代から七〇年代にかけて——日本の幕末・明治初期に相当する——の英国は、ヴィクトリア女王（一八一九—一九〇一）の時代であり、一八世紀末から続いた産業革命と、海外植民地の拡大と支配体制の確立によって繁栄の頂点にあった。一八三〇年から四〇年代にかけて主要都市を結ぶ鉄道網が急速に整備され、六三年には、ロンドンで世界初の地下鉄メトロポリタン線が開業した。阿片戦争（一八四〇—四二）に勝利して、香港を獲得したほか、中国でさまざまな権益を確保した。一八五七年にインドで起こったセポイ（現地兵）の反乱を鎮圧し、五八年にムガル帝国を滅ぼして、インドを英国王の直轄領にした。

国内政治的には、チャーティスト運動（一八三六—四八）等、議会改革と選挙権の拡大を求める運動が強まっていく中で、一八六七年の第二次選挙法改正で、都市の労働者層にまで選挙権が拡大された。それと連動して、保守党と自由党が結成され、二大政党のあいだで政権交替が行われる体制が出来上がる。両党は、名誉革命の前後から、王権を強く維持すべきか、議会の権力を増すべきかで争ってきた、（前者の立場の）トーリー党と（後者の立場の）ホイッグ党の後継政党である。保守党はトーリー党、自由党はホイッグ党の後継政党である。

トーリー党が、近代的組織政党としての「保守党」になったきっかけは、一八三二年の第一次選挙法改正に際して、反対した同派の議員たちが「保守派」を名乗り、改正後の選挙で、政策を共有するようになったことである。一八四〇年代半ばの穀物法改正問題をめぐって、保守党出身のピール首相（一七八八―一八五〇）は、廃止の方針を打ち出したが、貴族や地主層を支持基盤とする党所属の議員の多数が廃止に反対したため、ピールは、自由貿易推進派の多いホイッグ党の協力を得て法案を成立させたうえで離党する。ピール派に加えて、カトリック教徒の解放や自由主義的外交を提唱し、かねてからトーリー党に距離を置いていたカニング派が、ホイッグ党に合流して、自由党が結党された。

政治・社会思想史では、ベンサムの功利主義を修正して、政治的自由主義、古典派経済学を結びつけたミルの思想が有力になっていた。ミルは、民主主義社会における自由主義の在り方について論じた『自由論』に次いで、議会制民主主義を擁護し、その取り組むべき課題を明らかにする『代議制統治論』（一八六一）を著している。

また、産業革命の帰結として工場労働者が増えるに従って、労働・社会主義運動が台頭していた。英国に滞在していたマルクス（一八一八―八三）とエンゲルス（一八二〇―九五）が一八四八年に『共産党宣言』を出し、マルクス主義運動が始動した。（『イギリス憲政論』が出たのと同じ）一八六七年にはマルクスの『資本論』の第一巻が刊行されている。

社会思想家で美術評論家でもあるラスキン（一八一九―一九〇〇）は、芸術的創造性とエコロジーの視点から、それまでの「経済学」の在り方を見直し、より人間的なものにすべきことを主張した。ラスキンの思想は、生活と芸術を一致させることによってプロレタリアートを解放しようとしたことで知られるウィリアム・モリス（一八三四―九六）の「アーツ・アンド・クラフツ」運動に強い影響を与える。文学では、ディケンズ（一八一二―七〇）が、貧困をテーマにした小説『オリヴァー・ツイスト』（一八三七―三九）や『クリスマス・キャロル』（一八四三）、『デイヴィッド・カッパーフィールド』（一八四九―五〇）等を著している。

ダーウィン（一八〇九―八二）の『種の起源』（一八五九）が刊行され、その影響で「人間」観が大きく変動し、スペンサー（一八二〇―一九〇三）の議論に代表されるような社会進化論が浸透し始めたのもこの時代である。社会進化論者たちは、「適者生存の法則」に基づいて、自由競争を通しての社会の進化を推奨した。

また、ホイッグ史観と呼ばれる、人類の歴史を、進歩を推進する勢力と抵抗する勢力の対立という視点からとらえ、自由主義の勝利を必然視する自由党系の歴史観が、歴史学の中で主流になった。代表的な歴史家は、ホイッグ（自由）党の下院議員で、『イギリス史』（一八四八、五五）を著したマコーリー（一八〇〇―五九）や、彼の甥で、やはり自由党の政治家でもあったトレヴェリアン（一八三八―一九二八）等である。

自由主義、功利主義、社会主義、社会進化論は、それぞれ異なった価値観を持ち、異なった目標を追求しているが、社会の合理化を目指す基本姿勢は共通していた。政治・経済・社会を変革し、合理的な社会を建設しようとする風潮が強くなっていく時代背景の中で、バジョットは、一見すると時代遅れで、役に立たないように見える古い制度が、一定の重要な役割を担っていることを明らかにすることを試みた。

イギリスの憲法

『イギリス憲政論』の冒頭でバジョットは、イギリスの憲法＝国家体制（constitution）の特徴に関する二つの支配的解釈を誤りだとして退けている。一つは、立法、行政、司法の三権が分立して、相互に干渉し合わないことが原理になっている、という解釈である。もう一つは、君主、貴族、庶民の三者が主権を分有しており、そのため君主制的要素、貴族制的要素、民主制的要素が混じり合っているという解釈である。君主制、貴族制度、民主制のいずれも欠点があるが、三要素がそれぞれ牽制し合うので均衡が取れる（＝「牽制と均衡 checks and balances」）、ということだ。バジョットはこの二つの解釈が、統治機構の機能的な部分にだけ注目しており、憲法のより本質的な意義をとらえ損なっていると指摘する。

さてイギリスないしその他の国々の諸制度は、幾百年もかかって成長し、複雑な人種構成をもった住民を広く支配している。こういう制度の考察にとりかかる場合には、これを二つに区分することが必要である。すなわち、このような国々の憲法には二つの部分がある。［実際にはそれは、顕微鏡的な正確さで区分できるものではない。なぜなら偉大なものの特質は、はっきりと区分できないからである」。その第一は、民衆の尊敬の念を呼び起こし、これを保持する部分である。これをかりに、威厳をもった部分と呼んでおこう。つぎにその第二は、機能する部分である。憲法はこれによって実際に活動し、支配しているのである。さていかなる憲法も立派に機能するためには、つぎの二大目標を達成しなければならない。そしておよそ古くからの有名な憲法なら、この目標を見事に達成してきたにちがいない。すなわちあらゆる憲法は、まず権威を獲得し、ついでその権威を行使しなければならない。いいかえれば、まず人々の忠誠や信頼を獲得し、ついでその信従を統治活動に利用しなければならない。(小松春雄訳『イギリス憲政論』中央公論新社、二〇一一年、七頁)

ここから分かるように、バジョットは、憲法が機能するよう支えている「威厳をもった部分 dignified parts」、それらの部分に備わっている憲法の「権威 authority」を重視している。この場合の「権威」とは、人々の忠誠心や信頼を繋ぎとめ、政府による統治を可能にする精神的影響力である。

バジョットに言わせれば、そうした「威厳をもった部分」が具体的な機能を遂行しないからといって不用だとか、もっと機能的なものに置き換えようとする議論も、その逆に、そうした部分で実は有用なのだとして擁護しようとする議論のいずれも見当外れである。統治を可能にしている「権威」の意味を理解していないからである。

一つの政府に服する人たち全員が、何が有用であるかについての理解を完全に共有しているのであれば、「威厳をもった部分」は必要ないであろう。しかし、イギリスのような大きな社会になると、さまざまな知的レベルの人がいる。エリートたちが、統治機構のもっとも有用な形態を知っていたとしても、はるか昔の時代の知的レベルに留まっている下層階級の人たちはそれを理解できない。

その代わりに彼らは、光栄、帝国、国民性（nationality）といった、漠然とした夢のようなものによって感銘を受け、そのために自らを犠牲にすることもある。彼らの尊敬の念をもっとも呼び起こすのは、演劇的要素（theatrical elements）である。言い換えれば、感覚に訴えかけ、人間的な諸理念を体現しているようでありながら、人間を超えているように見えるもの、触れることができそうに見えて触れることのできないものが、下層階級の民衆の心に感銘を与えるのである。「威厳をもった部分」が必要なもう一つの理由として、バジョットは、たとえもっとも知的な人であっても、自らの自由意志によるよりも、生活環境の中で身につける「習慣 habit」によって動かされていることの方が多いということを挙げている。私たちは惰性的な習慣のおかげで、日々の必要な仕事をこなしている。毎日、自分のすべきことをゼロから理性的に再構築しようとしたら、ほんの少しの改善のために全精力を投入することになり、結局、何一つ達成できないまま一日が終わることになるだろう。

条件が変わらないのであれば、先祖から受け継いだ制度がもっとも便利であり、かつ服従と尊敬を獲得しやすい。新しい制度であれば、改めて尊敬を獲得しなければならない。ただし、社会は変動し続け、人々の欲求も固定しているわけではないので、古ければ古いほど、人々をしっかり繋ぎとめておけるとは限らない。

英国の「憲法＝国家体制」は細部においてはさまざまな欠陥を抱えており、ある意味世界でもっとも手際が悪く作られている。しかし見方を変えれば、必要に応じて簡単で効果的に機能する部分と、民衆の心をとらえ動かすことのできる、歴史的で複雑な、威厳のある演劇的部分の双方を備えている。二つの側面をうまく使い分けることができれば、統治にとってきわめて好都合である。

バジョットは、機能性という側面を象徴するのが「内閣 cabinet」という制度だと見ている。「内閣」は英国で生まれた制度である。〈cabinet〉は、元々「小さな部屋」を意味する言葉だが、閣僚たちが、小さな部屋に秘密裏に集まって議会対策などの重要方針を決定したことから、次第に閣僚会議の意味で使われるようになった。最初は、国王大権に基づく立法について助言したり、司法制度を統制したりする枢密院（Privy Council）という大きな会議の中の一部会にすぎなかったが、清教徒革命の前後から、国王にとって少数の信頼できるメンバーを集めた、〈cabinet〉が次第に重みを増していき、ドイツ生まれでほとんど英語を話せないジョージ一世（一六六〇―一七二七）が国王に戴冠したのに伴って、ホイッグ党のウォルポール（一六七六―一七四五）を長とする〈cabinet〉が、（国王ではなく）議会に対して直接責任を負う責任内閣制が確立し、「内閣」は行政の中核を担う組織として位置づけられるようになった。小部屋と関係なくなっても、〈cabinet〉と呼ばれ続けているわけである。

従来の政治理論では、英国の憲法の長所は、立法権と行政権の完全な分離だとされているが、バジョットに言わせれば、事態は全く逆で、両者がほぼ完全に融合しているからこそ、英国の憲法は機能的なのである。二つの権力を結びつけているのが、「内閣」である。「内閣」は、行政権を担わせるため立法府によって選出される「委員会 committee」を意味する。立法府＝議会は、「内閣」の選出に当たってほぼ全能を発揮する。

首相を始めとする閣僚を選出する形式的権限を持っているのは、国王である。ウォルポールの内閣が発足した頃には、国王は政策の選択権を失った一方で、閣僚を選ぶ実権は保持していた。しかし、その後の一世紀のあいだに、国王の権限は実質性を失っていき、庶民院（House of Commons）で多数派になった政党の指導者が、国王によって自動的に首相に任命されるのが慣例になった――日本のような、議員による指名選挙は現在でもない。バジョットの時代には、国王が憲法の「威厳をもった部分」の頂点に位置するのに対し、「機能する部分 efficient parts」の頂点に首相が位置する体制が出来上がっていた。

「内閣」は議会によって任命される委員会にすぎないはずだが、自らが決めた政策を実行するのに必要な法律が成立するよう、議会での立法プロセスを指導する。首相は、議会の多数派の指導者でもあるので、それが可能である。その意味で法制定権を兼ね備えている。それだけに留まらない。内閣は、自らの実質的任命者である庶民院の信任を得られなくなった時、庶民院を解散することができる。本来の解散権を持っているのは国王であるが、内閣が解散権の発動を奏請すれば、そのまま解散されるのが慣例になっている。議会に対する拒否権と、現在の議会の判断の是非について次の議会に対して抗告する権限も持っているわけである。

バジョットは、立法権と行政権を兼ね備えることになった英国の議院内閣制の機能面でのメリットを、アメリカの大統領制と対比することで明らかにする。アメリカでは、大統領と議会はそれぞれ別の手続きによって選出され、相互に独立である。議会が大統領を選出するわけではないし、大統領に議会の解散権はない。議院内閣制であれば、内閣の思い通りの立法措置が取られない時、内閣は解散や総辞職をちらつかせることで、議会に圧力を働きかけることができる。それに対して、大統領には解散権がないし、たとえ大統領や閣僚たちが辞任しても、議会には次の内閣を探し出す義務はないので、平然としていることができる。そのため、緊急に新たな財政支出が必要になった時などに、必要な法律を成立させることができず、政治が停滞する恐れが大きい。

これに加えて、議院内閣制には、国民を教育する働きがあるという。それは、議会における与野党の討論や、政党活動が、国民を刺激し、覚醒するということである。議員たちは国会で演説することが、将来与党内での自らの昇進や政府内での地位の獲得につながる可能性があるので、演説を積極的に引き受け、力を入れる。政府が提案した重要な法案の採決に際しては、少数の票の移動によって、否決され、内閣が退陣に追い込まれる可能性もあるので、両陣営ともあらゆる論点にわたって議論を尽くす。新聞はその内容を詳しく伝え、国民はそうした論議の成り行きに注目する。それと比べると、議会での討論が、内閣の交替に結びつかない大統領制を取るアメリカでは、議会での討論はあまり劇的なものにならず、国民もあまり関心を持たない。新聞も、議会を通じて政府を交替させることができないと分かっているので、英国の場合ほど力が入らない。

政権交替の可能性が常にあるということは、国家にとって——例えば、戦争のような——危機的な事態が生じた場合、国民の支持を背景にして、決断力があり、迅速に行動できる、危機に相応しい指導者が選び直される可能性があることを意味する。クリミア戦争（一八五三―五六）に際しては、外務省出身で宥和外交を信条としていたピール派のアバディーン（一七八四―一八六〇）に替わって、自由党所属で対外強硬派のパーマストン（一七八四―一八六五）が首相に就任している。先に述べた議員内閣制の教育効果のおかげで、パーマストンがどのような人物であるのかは、議員団や新聞、国民のあいだにかなり知れ渡っていた。アメリカの場合、大統領に選ばれる人物について、国民に広く知られる機会は少ない――当時のアメリカには、政治に大きな影響力を及ぼすことのできる有力紙はまだ存在していなかった。また、大統領を任期中に解任することはできないので、危機に相応しい人物を選び直すことはできない。危機に相応しくない人物と分かっても、そのまま任せ続けるしかない。

このようにバジョットは、一見、議院内閣制の非合理性あるいは弱みに見える――憲法自体の中では明示されておらず、いわば、さまざまな慣行の中で付随的に生じてきた――特徴を、議員と内閣、議員相互、議会と国民のあいだの関係を強化する要因としてポジティヴに評価している。自らの栄達や政権獲得のため議員たちが頑張ったり、政党内外での人材評価のネットワークが形成されることで、結果として、効率的な政治の運営がうまく行っていると見ているわけである。

国王の地位

「憲法」の「威厳をもった部分」の頂点に位置する英国の国王は、統治の上で重要な役割を果たしている。女王がいなければ、政府は瓦解し、消滅するであろう、とバジョットは言う。君主制が安定しやすいのは、それが分かりやすい統治形態だからである。大多数の人々にとって、一人の人間の行為や考えによって支配されていると想像する方が、安心できる。
それは、英雄的な君主が未開社会を導いてきた時代に人々が抱いていた感情の名残である。当時の英国は当然のことながら、均質的で素朴な人たちから成る未開社会と違って、人種的構成においても、人々の知性のレベルでもかなり複雑な社会になっており、「法」による統治が行われている。しかし、特定の誰かの意志にではなく、「法」という抽象的なものによって支配される、というのがどういうことか、民衆には理解しにくい。誰が支配しているのか分からない共和制よりも、統治者としての君主という形を保持している立憲君主制の方が、民衆にとって親しみやすい。民衆は、政治的な出来事よりも、王室の人たちの恋愛を始めとする人間関係に関心を寄せる。

要するに君主制は、興味深い行動をするひとりの人間に、国民の注意を集中させる統治形態である。これに対し共和制は、いつも面白くない行動をしている多数の人間に向かって、注意を分散させる統治形態である。ところで人間の感情は強く、理性は弱い。したがって、この事実が存続するかぎり、君主制はひろく多くの者の感情に訴えるために強固であり、共和制は理性に訴えるため弱体であるといえるであろう。（前掲書、四七―四八頁）

バジョットはさらに、英国の君主制の第二の特徴として、宗教的な力によって政府を補強している点を挙げている。王を、神によって任命された存在であるとする「王権神授説」的な考え方は、名誉革命によって王家が民意を反映する形で交替し、更にドイツ出身のハノーファー家（現、ウィンザー朝）に王位が移ったため、次第に弱まっていったが、ジョージ三世の即位（一七六〇）を契機に、王に対する国民の感情が再び高まり、この王は神聖な王朝の始祖に祀り上げられた。その感情はバジョットの時代にも継続しており、国民の多くは、ヴィクトリア女王は議会が与えた権利ではなく、神の恩寵によって統治していると思っている。

ジョージ三世は、たびたび自らの神聖な権威をもって内閣の方針に見当外れな介入をし、政治に混乱をもたらしたが、現在の君主制は、宗教的承認（religious sanction）によって政治秩序全体を強化している、という。君主は政務から離れ、目立たないようにしている方が、党派性を超越し、神秘性を保ち続けることができるわけである。

第三の特徴は、君主が社交界の頂点に位置していることである。社交界の頂点に位置しているといっても、英国の王室は別に、社交界に集まってくる、栄誉を求め、流行の先端を行こうとしている人たちを指導しているわけではない。かつて宮廷を中心として社会全体が組織化されていた名残として、君主が形式的に頂点に位置し続けているだけにすぎない。英国の王室は、（ナポレオン三世当時の）フランスの宮廷と比べてかなり地味だと嘆いている人たちもいる、という。

しかし、バジョットに言わせれば、皇帝が国家そのものであるフランスと違って、英国の王室は先に述べたように、目立たないようにすることで、神秘性を保っているわけであるから、地味であることに問題はない。むしろ、社交界の形式的な頂点に位置する宮廷が、地味で質素な生活をすることによって、さまざまな分野にいる自己宣伝すべく、贅沢を尽くそうとする輩の虚栄心が抑制されている、という。

福澤諭吉は、『帝室論』（一八八二）の中で、この側面をめぐるバジョットの記述を参照して、質素すぎるのでもなく、華美すぎるのでもない、「中道の帝室」を維持することが肝要であると述べている。

第四の特徴は、英国人が君主を「道徳 morality」の指導者と見ていることである。ジョージ三世やヴィクトリア女王の徳行は、民衆の心に記憶されている。歴代の国王の中には家庭不道徳の見本のような人物もいたが、有徳の君主を頂いているという信念を抱いている民衆は、彼らは家庭においても模範的であると信じている、という。たとえそれが幻想であったとしても、民衆を統合する力になっていれば、バジョットはそれなりに評価する。

第五の特徴として、君主が「仮装 disguise」して行動するということがある。「仮装」というのは、君主が、（政治の実体とは必ずしも一致しない）「演技」を、民衆に示すということである。王を中心とする宮廷の壮大な芝居を見せつけられると、民衆は惹きつけられ、想像力において圧倒されてしまう。そのように圧倒した状態で、彼らを、現実の政治の流れに従わせることができるわけである。

具体的には、国王が首相や閣僚などの指導者を任命する儀礼をもっともらしく演じることで、民衆にその真の意味を理解させないまま、政治の方向を大きく変えることが可能になる。絶対君主制から議院内閣制への転換が成功し、議院内閣制の下で首相の権力が安定したのも、国王が

「仮装」の役割を演じ切ったおかげであると見ることができる。バジョットの時代には、民主的な選挙による議会政治が本格化しつつあったが、国王が支配者として「仮装」し続けているため、民衆は、それが驚愕すべき大きな変動であることに気づいていない。

このように英国の立憲君主制の「演劇的要素」を重視するバジョットであるが、君主自身の能力を高く評価しているわけではない。世襲の王家から優れた君主が出ると期待することはできないし、むしろ劣等な人間が王位を継承することが少なくないし、皇太子の教育もあまりうまく行かない。歴代の国王の中にはヴィクトリア女王のように、内閣と適度の距離を保つことができるものも稀にいるが、ジョージ一世やジョージ二世（一六八三－一七六〇）のように、英国の事情に疎いせいで全く指導できなかった王や、ジョージ三世のように干渉しすぎて、政治を混乱させた王もいた。世襲で地位を継承しているだけの君主が、多くの国民の中から優れた能力を持った存在として選り抜かれ、演説や議会運営等に関するさまざまな訓練を受けた政治家よりも優れた能力を発揮できると想定するのは、かなり不自然である。

君主は自ら内閣に対して指導力を発揮するというよりも、人民の前で演劇的な役割を演じることで、政治の空白が生じないようにしたり、内閣の安定に寄与することが期待される。君主の憲法上の権限はかなり曖昧で、不可解なところが多々あり、憲法理論の専門家たちも詳細には把握していない。しかし、不可解であるからこそ、神秘のヴェールをまとい、魔力を発揮できるのである。

貴族院の可能性

英国には、（バジョットの時代と比べて、権限や構成は変化しているものの）現在でも貴族院（House of Lords）がある。現代人の感覚からすれば、貴族院などというのは、貴族に政治上の特権を付与する古い制度の名残にすぎないように思われる。

その起源は、ノルマン征服によって王位に就いたウィリアム一世（一〇二八頃―八七）の時代から存在していた、大貴族によって構成される諮問会議、王会（Curia Regis）である。この会議は、マグナ・カルタ等を経て、次第に権限を拡大し、小貴族や市民の代表も参加するようになり、議会としての性格を備えるようになった。エドワード三世（一三一二―七七）の時に、貴族と平民が別々の場所で会議を開くようになり、両者が貴族院と庶民院へと発展していった。封建制が解体して、貴族の力が弱まるにつれて、貴族院の力も次第に弱まり、庶民院が相対的に重要性を増していき、歴代の内閣は庶民院を基盤とするようになったが、貴族院も、バジョットが言うところの「威厳」を保ち続けた。世襲貴族のほかに、聖職貴族や一代貴族（life peer）から構成される。

貴族院の立憲政治上の役割は、一八三二年の選挙法改正をめぐる攻防の中である程度明確になった。従来、庶民院の議員の多くは、貴族や貴族の影響下にある地方の名士たちだったので、貴族院と庶民院のあいだに大きな対立はなかった。しかし、庶民院の選挙権を拡大すれば、貴族の影響力の低下は避けられない。そのため貴族院は、選挙法改正に反対したが、ウィリアム四世（一七六五―一八三七）は、新貴族任命権を行使して貴族を増やすことによって、貴族院の勢力を変化させることを、ホイッグ党のグレイ首相（一七六四―一八四五）に約束した。そうした変則的な事態になることを好まなかった貴族院は、王が任命権を行使する前に改正を承認した。これ以降、貴族院は法案を修正したり、決定を延期することを任務とする議院として性格づけられることになり、決定的な拒否権は持たないと見なされるようになった。

バジョットはこのようにして英国の立憲体制に組み込まれた貴族院が、それほど強い力を持っているとは見ていない。貴族院の存在が革命を抑止しているという見方をする人もいるが、バジョットに言わせれば、ごく少数の特権階級によって構成される貴族院は、国民の大多数の意志に逆らって自分たちの意志を貫徹することなどできないし、軍隊を動かす権力もない。また政府が新貴族任命権を行使すれば、貴族院の決定を覆すこともできるので、政府に革命的な意図がある場合には、貴族院は無力である。

ただしバジョットは、貴族院自体には革命の防波堤としての力はないにしても、その存在が、革命が起こりそうにないことを示す指標にはなっている、と見ている。（それほど積極的な役割を果たしているとは思えない）貴族院が古くからの尊敬（old deference）や根強い忠順（inveterate homage）に依拠して無事に存続し続けていられるとすれば、国民のあいだに暴発に至るほどの不満がたまっていないと見ていい。無駄に見える貴族院は、その存在自体が、炭坑におけるカナリアのように、社会の安定性のバロメーターになっているのである。

では、貴族院は、庶民院が提出する法案を修正、調整する上院としての役割を十分に果たしていると言えるのか？　庶民院の議員たちは、さまざまな勢力を代表しているので、法案を成立させるべく多数派を形成する過程で、いろいろな意見が取り込まれ、複雑で趣旨がよく分からない法律ができあがってしまうことがしばしばある。そういう状況がある以上、庶民院の作った法案をチェックする上院があれば有益である、とバジョットは示唆する。貴族院には、そうした役割を担うポテンシャルがある、という。貴族院を構成する貴族たちは身分が安定しているうえ、選挙区を持たないので、特定の利益集団に媚びる必要はない。彼ら自身が社交界の頂点にいるので、社交の面から籠絡される恐れもない。そうした意味で、彼らは独立した判断をすることができる。また、他に取り組むべき仕事がないので、時間をかけて法案を吟味することもできる。

しかし、貴族院の実体を見ると、こうしたポテンシャルを十分に生かしているとは言い難い、という。第一に、仕事をしているのはごく少数の議員だけで、多くの貴族は登院もせず、代理投票で済ませている。第二に、貴族院の議員の大多数は豊かな地主階級出身であり、自分たちの階級にとって利益になる方向にしか法案を修正しようとしない傾向がある。たとえば、彼らは、近代の一般的趨勢になっている「自由貿易」に頑なに抵抗し続けている。第三に、そもそも、世襲で議員になっている人たちの中から、すぐれた資質を持った人たちが一定以上の割合出てくるとは考えにくい。審議すべき議題は、貿易、財政、制定法改正、コモン・ロー改正など、重苦しいビジネスの問題ばかりであり、貴族は一般的にビジネスに関心を持たず、苦手である。

このように、貴族院の現状が、期待されている本来の役割を果たすには程遠いことを指摘する一方で、一定の副次的機能を果たすことは可能であることも示唆している。一つは、先に述べたように、貴族院の議員はその地位が安定していて、政治的な配慮から気兼ねをする必要がないので、内閣の行動を第三者的な視点から批判することができるということである。無論、批判するにしても、それなりの人材を養成する必要があるが、バジョットは、政治に関して優れた識見を持つ人物を一代貴族に多く任命すれば、そういう役割を果たせるようになると見ている。

もう一つの副次的機能として、閣僚たちに発言の場を提供するということがある。庶民院に属する閣僚は、自分の職務とあまり関係ない問題でも登院し、投票に参加する形で議院の運営に寄与することを義務づけられている。庶民院の運営規則に縛られているために、各閣僚が、国民に向かって自分の意見を自由に開陳する機会は少なくなる。その点での庶民院の根本的改革は当分実現しそうにない。しかし、貴族院に席のある閣僚であれば、院の中に一定の地位を与えられ、自らの意見を表明する機会が与えられる。この場合も、一代貴族の方が、そうした立場をうまく活用できると考えられる。

バジョットは、貴族院が現実的には期待されている役割を果たしていないことを十分に認識しながらも、工夫すれば、それなりに役に立たせることはできると考えているわけである。古くからある制度が、有益か無駄かについて割り切った判断をしないところがバジョットの思考の特徴である。

庶民院のあるべき形

庶民院については、先に内閣に関連してすでに示唆したように、バジョットは行政部の長の選出、国民の考えの表明、国民教育、報道、立法などの「機能」を備えている機関として位置づけている。その外観によって「威厳」を示している側面もあるが、基本的には、憲法の「機能する部分」を代表している。

バジョットは、「庶民院」をうまく機能させている仕組みとして「政党 party」に改めて注目する。すでに見たように、英国の「政党」は、一七世紀以降の歴史の中で、内閣制度と結びつきながら、次第に発展し、組織化され、代議政治において重要な役割を担うようになった――日本国憲法やアメリカ合衆国憲法にも、「政党」に関する明文規定はないが、フランスやドイツの憲法にはある。バジョットによれば、「政党」が存在し、議員たちが自党の指導者に従うという慣習があるおかげで、所属議員たちの意見を一つの動議へとまとめることができる。党という形で安定した固定票を確保することによって、指導者たちはさまざまな政策を次々と実行することができる。

ただし、党に従うといっても、英国の政党人たちは、自分たちが掲げている信条（tenets）を何がなんでも文字通り実行しようとするわけではない。自分たちの信条をそのまま実現することが現実には難しいこと、あるいは、党派的対立が深刻化しそうな状況を見て取ると、自分たちの政策をより穏健で、曖昧さを許容するものへと修正する。彼らは、常に妥協して中道の道を歩もうとする。

バジョットは、そうした議員たちの穏健さを失わせる危険が強い要因として、党所属の議員たちの公的集会（public meeting）を挙げている。選挙民たちが、集会を束縛し、集会で支配的になった意見に代議士たちを従わせるようになると、代議士たちは柔軟に判断する自由を失う。地方の政治的エージェントによって刺激され、誘導された、あるいは、作り出された選挙民の意見が、党の意見になる可能性も高くなる。バジョットは、公的集会をあまり信用しておらず、そこで決まったことを、議会での討論のベースにすることに懐疑的である。むしろ議員の選挙区からの独立性が必要だと考える。

そうしたことを前提としたうえでバジョットは、当時提起されていた庶民院の選挙方法についての二つのラディカルな改革案に対して、それらは議会政治を不可能にするものだとして真っ向から反対する。庶民院の選挙権は、当初、地主階級だけに限定され、選挙区の区割りもかなり不公平だったが、第一次選挙法改正で都市のブルジョワ層にまで選挙権が拡大され、腐敗選挙区は解消された。とはいえ、財産制限は残り、有権者数は全人口の数パーセントにすぎなかった。そのため選挙権のさらなる拡大を求める、労働者を中心としたチャーティスト運動などが起こり、既成政党もそうした動向を無視できなくなっていた。その結果、『イギリス憲政論』が刊行されたのと同じ一八六七年に、第二次選挙法改正が行われるに至った。

バジョットが反対するラディカルな改革案の一つは、極端な民主主義理論であり、二十一歳以上の男子すべてに平等な議員選出権を与えるというものである。具体的には国勢調査に基づいて全国を六五八の選挙区に分け、各選挙区の成年男子の人口を同数にするというものである――分かりやすく言えば、小選挙区制による男子普通選挙。バジョットはこのような選挙制度では、節度のある（moderate）議員たちが選出されるとは考えられない、と断言する。

その理由は、第一に、地方の場合、地主や牧師が圧倒的な力を持っているので、選挙に際して自分の影響下にある農業労働者を動員するだろうと予想されるからである。そのため、地方で選出される議員の多くは、実質的に、地主層の代表になってしまうであろう。農村地帯に散在するいくつかの都市は、当時、多くの議員を輩出していたが、提案されている改正案を採用すれば、それらの議員も、田舎者の大群に〝支持〟される地主たちに取って代わられることになるだろう。一般民衆の代表を増やすための改革であるはずなのに、本末転倒した結果になる可能性が高いわけである。

次に、選挙区の大半を占めるであろう都市部では、最下層階級の信念（beliefs）あるいは不信（unbeliefs）を代表する議員が選出されると考えられる。彼らは二派に分かれると考えられる。一方は、一般労働者の代表であり、他方は、居酒屋（public-house）の代表とでも言うべき、労働者階級の似非代表である。居酒屋代表というのは、居酒屋を中心に行われる違法な買収や誘導によって票を獲得する者たち、ということである。

したがって、新しい議会は、都市最下層階級の支持を受けた二種類の議員と、農村の最下層階級の組織的な支持に支えられた――実質的には地主階級を代表する――議員から構成されることになる。純粋な都市代表が、職工に特有の偏見を持つのに対し、農村代表が、治安判事などを務める田舎の地主の偏見を持っており、それぞれ自分たちの集団に特有の言語で話すので、話が通じない。そこで腐敗した手段で当選した議員たちが幅を利かせるようになる。

バジョットに言わせれば、議会政治が可能になるのは、議会の圧倒的多数が本質的に節度を保ち、階級的偏見を持っておらず、意見に極端な相違がない場合だけである。二種類の道徳的暴力と一種類の不道徳的暴力によって構成される、極端に民主主義的な議会は、それとは程遠い。

もう一つの提案は、法律家のトーマス・ヘア（一八〇六―九一）によるものである。これは、全国を一つの大きな選挙区としたうえで、有権者がいくつかのグループを形成し、人数の多いグループから順に、自分たちが推す候補者を当選させることができる、というものである。地域の壁を超えて、同じ考えの人たちが自由に〝選挙区〟を形成できる自由選挙区制と見ることができる――分かりやすく言えば、政党ではなく、個々の候補者を単位とする比例代表制である。ミルも『代議制統治論』で、この案の妥当性を詳細に検討し、支持を表明している。

この制度を採用すれば、少数政党の支持者の票も無駄にならないし、有権者は（政党や地方の名士が押しつける候補者ではなく）自分たちがよく知っていて積極的に支持することができる候補者を選ぶことができる。選挙区の区割りをめぐる難問も解決する。バジョットもそうしたメリットは認めているが、それでもなおこれに反対せざるを得ない欠陥があると指摘している。それは、各議員に対する党組織の支配が強化され、議員の多くが、党人（party men）になると予想されるからである。

なぜかと言えば、普通の有権者が自主的に集まって、候補者を当選させるのに十分な選挙区を構成することは困難だからである。仮に、特定の人気候補の支持者が多く、大きな選挙区を形成できたとしても、人数が多すぎて票が無駄になり、同じ様な考え方をしている議員が当選できなくなる可能性がある。そこで、各党の世話役たちが、票を振り分ける業務を担当するようになる。そうなると、そうした人たちに気に入られそうな党人候補が有利になる。現在以上に党に束縛されて、柔軟性のない議員団が出来上がることになるだろう。

また、現行の選挙区制では、選挙民は一つの教条の下で強く一致団結しているわけではないので、議員は比較的自由に行動できるが、自由選挙区の下では、選挙区は一つの教義を奉じる教会のようになり、選挙民は議員が教義から外れないか絶えず監視するようになる。議員たちは委任命令を伝える使者となり、自由に活動する余地はなくなる。良質な自由選挙区から選出された議員は、選出母体が良質であるがゆえに奴隷化されることになる。利益絡みで出来た、悪質な自由選挙区から選出された議員は、余計に奴隷化される。

結局のところ、選挙民がそれほど一つの政治的信条に凝り固まっておらず、適度に政治的に無関心になりやすい現行選挙制度の方が、議員にフリーハンドを与えるのでうまく機能するとバジョットは見ている。選挙民が政治に真剣になればなるほどいい、というわけではないのである。

自由な統治(free government)とは、国民が自由意志によって選択した政府に服する統治である。ばらばらの民衆が偶然に集まる場合、自由な統治は、たかだか民主的な統治にしかなりえない。他人のことを知らないし、気にかけないし、尊敬もしないという場合には、すべての人間が、平等であるにちがいない。その場合、だれの意見も、他の意見よりも有力であるということはない。しかしすでに明らかにしたように、尊敬心をもった国民は、独自の政治構造をつくっている。そこでは特定の人々が、共通の同意によって他の人々よりも賢明であると考えられている。またその意見は、同意によって計数的価値を越えた大きな価値を認められている。
(前掲書、一九五頁:一部改訳)

全ての市民を平等に扱うことで、民主的な統治を実現することは可能であるが、それは、バジョットが目指す「自由な統治」ではない。「自由な統治」は、「共通の同意 common consent」に基づいて、節度ある賢明な判断をすることができると見なされる人々が、選挙民の意向に縛られることなく、政治に専念することができる政治構造によって可能になるのである。

進化と政治

バジョットのもう一つの政治哲学に関わる主要著作『自然科学と政治学』（一八七二）は、副題が「『自然淘汰』と『遺伝』の原理の政治社会への応用についての諸考察」となっていることから分かるように、当時、最先端の科学的言説になっていた生物学上の進化論を、政治社会の発展をめぐる分析に〝応用〟することを試みた著作である。政治制度に関して保守的な立場を取るバジョットが、進化論を支持するというのは意外な感じもするが、この著作で彼が実際に関心を向けているのは、「国民の生成 nation-making」をめぐる問題である。

バジョットは、社会の「進歩」は「国民」を基本的単位として進んでいくという前提に立って、人類の歴史の始めに「国民」という単位がいかに形成され、そのうちのいくつかがどのようにして他の国民との闘争に勝ち、高度な文明や優れた政治制度を獲得したかを――必ずしもダーウィンやスペンサーの議論に由来するわけではない――彼なりの視点から叙述している。「国民の生成」において、彼が特に重視するのは、「模倣 imitation」と「迫害 persecution」である。この場合の「模倣」というのは、自分にとって未知のもの、優れているように思えるものを、真似ることである。この能力は、自分の固有の考えを多分に持っている現代人よりも、未開人や子供の方が高い。「迫害」というのは、その社会の伝統的な慣習や慣行に固執し、それから逸脱するものを許さず、排除する傾向である。

誕生したばかりの国民にあっては、新しいものを志向する「模倣」と、古いものに固執する「迫害」が対立していたのではないかと思えるが、両者は実際には相互に補い合う関係にあった、とバジョットは考える。人は「最も一般的なもの the most common thing」を模倣しようとするが、その「最も一般的なもの」は、通常、「古くからの習慣 the old habit」である。従って、日常的に行われる模倣のほとんどは保守的（conservative）な性質を持っており、それは「迫害」と同じ方向に働く。しかし、社会は時として、未知の新しい事態に適応しなければならなくなることもある。

かくて吾々はこうした新しい力に適応するために変化しなければならぬ。しかしこの際迫害する習性と模倣するそれとが協力して、新しいものが古い仕来りのうちに嵌るようにしなければならぬ。勿論このことは一種の変化であるに違いないが、しかし出来るだけその変化を小さくしなければならぬ。模倣衝動にはこうした傾向がある。というのは、人々は彼等が最もそれを受け容れる準備ができているもの、即ち、古いものと似てはいるが、しかし変化を可及的最小限度に持っているものを、最も容易に模倣するからである。即ち、古来からの道を殆ど踏み外すことなく、従って彼等の心を殆ど乱さないようなものを模倣しようとするのである。そしてこれこそ進歩の原理なのである。即ち、人間は変化の避けられない時には、従来の古い原理に対する「保存的付加 preservative addition」という性質を多分に持つ新しい原理を好むのである。かくて模倣的傾向と迫害的傾向とは、初期国民の凡ての変化をして、一種の選択的保守主義（selective conservatism）たらしめるのである。というのは、この場合、古いものは殆ど保存され、ただ僅かに何か新しいものが古来からのスタイルの中に、一種の付加された櫓のように付け足されるからである。（大道安次郎訳『自然科学と政治学』岩崎書店、一九四八年、一二九—一三〇頁：一部改訳）

それまで人々の生活を制御してきた古い原理にうまく適合するよう、変化を最小限にとどめながら、新しいものを取り込んでいく「選択的保守主義」は、ヒュームやバーク、そして、『イギリス憲政論』で示されたバジョット自身の政治哲学の核心でもある。「選択的保守主義」を身につけた国民は、社会の大枠を維持しながら、一部の活動的なメンバーによって発見された生存競争に有利な新しい原理を、模倣を通じて広く共有し、継承していくことができる。新しい原理はなるべく速やかに社会生活に取り入れた方がいいが、その副作用で社会そのものが壊れてしまっては、元も子もない。

人々の「模倣」の能力を適度に調節する「選択的保守主義」が、「国民」という集合体が生存競争に勝ち残ることを可能にするのである。バジョットは、個と集団の関係を媒介して集団としての進化を可能にする「模倣」の両方向性に注目することで、「慣習」を守ろうとする保守的な態度が、「進化」と——少なくともバジョット的な視点を取る限り——矛盾しないことを明らかにしたわけである。「進化」の過程で、「慣習」がポジティヴな役割を果したという視点は、後で見るように、ハイエクも共有している。

好ましい習慣の「模倣」と、好まれない習慣の「迫害」を通して、それぞれの「国民性 national character」が形成される。バジョットにとって、「国民性」とは、何らかの生物学的な特性にしっかりと根ざしたものではなく、国民のあいだで普遍的に通用している習慣の集合体である。「国民」の中核となる集団の中で、模倣されるべき「慣習」が形成され、「権威」を帯びるようになると、それに同化することがさまざまな形で人々に強制されるようになる。適合できないようなタイプの人たちは、生きづらくなり、淘汰されることになる。

そのように「慣習」とともに生成した「国民」の文明が存続し、発展し続けるには、「知的密度 intellectual consistence」が高くなっている必要がある。「知的密度」とは、緊密で一貫した習慣が形成されていること、強烈な享楽よりも永続する享楽を選好すること、現在よりも将来を選好する期待能力等である。単純に人々を抑圧するだけの「慣習」ではだめで、人々に将来の繁栄を約束するものでなければならない。

ただし、知的密度の高い「国民性」が固まったとしても、それは慣習や規則の強制によって守られているにすぎないので、何かのきっかけにそれらの体系が大きく動揺すると、知的密度が低く、偶然的な要因によって動かされやすかった原初の人々の不安定なメンタリティが噴出してくることもある、という。フランス革命において出現した残忍さと恐怖は、その端的な例である。

文明国民が時として、不安定な情念によって動かされる原因をきちんと解明するには、国民性がどのようにして「慣習の支配 rule of custom」から解放されるか、どのようにすれば新たなものを選択する準備ができるようになるのか、よく吟味する必要がある。それが、「進化」の問題に関わるバジョットの主たる関心である。

討論の時代

『自然科学と政治学』の第五章「討論の時代」でバジョットは、固定化した慣習によって支配されていた社会が、「討論による統治 government by discussion」へと移行することによって、「進化」が次の段階へと移行することを指摘している。「討論」によって政治が行われるようになると、考え方の違いが次第に大きくなり、不安定な原始的メンタリティが噴出し、秩序が大きく乱れる恐れもある。分裂に乗じて、（古くからの権威を帯びた慣習によってまとまっている）他国の侵略を受ける恐れもある。そうした危険を何とか回避し、自由な「討論」を通して自分たちを律する原理を選択する習慣を確立すると、その「国民」は飛躍的に「文明」を発展させることができるようになる。

神聖な権威を帯びた慣習は、初期の国民を統合し、安定化させるうえで有効であったが、次第に人々の独創性を抑圧し、あらゆる進歩を阻止するようになる。そういう状況にあって、「慣習による支配」の利益を保持しながら、新たな原理を選択的に取り入れる仕組みができれば、その

「国民」は柔軟な活動力を再び発揮できるようになる。そのための仕組みが、討論の中から生まれて来る、すぐれた意見を取り込む「討論による統治」である。

討論はまた進歩に対してそれ独自の誘因力を持っている。それは知性に優先権を付与する。政治的行動を決定するに当たって必要な議論を、実行に移さざるを得ないような力と効果をもって展開するには、知性の高度の、かつ多大の発揚が必要である。勿論かかる議論が実を結ぶのには条件が必要である。議論が抽象的に最上であっても必ずしも実際上立派な議論とは言えない。政治上の議論は実行する人々を動かさねばならぬ。それはその時代の言葉を用いなければならないのと同様に、その時代の観念によって制約され、またその先例とも調和しなければならないのである。しかしこうした諸条件の下においても、立派な討論は悪い討論よりも良い。討論による統治は、何らかの偏見と観念の枠内で行われるが、そうだとしても、悪い理論よりも良い理論を、不健全な議論よりも健全な議論を好まないような統治は、いかなる人民も一日たりとも我慢できないだろう。（前掲書、一九九頁：一部改訳）

このようにバジョットは、「討論による統治」を、優れた知性によって生み出された考えを採用することだけではなく、実際の行動に結びつくよう、その時代の言語、偏見、先例にうまく適合する語り方という側面からもとらえている。政治を動かす言葉は、論理的に優れているだけでなく、人々が普段慣れ親しんでいる言語や観念の体系にうまく溶け込んでいる必要がある。そうした言葉を見出すことが、「討論による統治」の成功のカギになる。「討論」によって政治を行う習慣が定着すると、人々のあいだに「寛容 tolerance」が培われるようになる。「寛容」は、社会がスムーズに進化し続けるために重要である。逆に言えば、「寛容」が培われない社会が「進化」することは困難である。

ほとんどの人にとって、自分の社会に新しい観念が持ち込まれることは苦痛である。自分たちがそれまで慣れ親しんだ考え方、確信が誤っていたことを認めざるを得なくなるからだ。慣習的社会では頑迷固陋が指導原理になっている。未開の社会では、新規な考えを持ち込むものは処罰されたり、世論的に迫害されたりする。バジョットに言わせれば、新しい考えを嫌い、独創的な人を冷遇するのは、当然のことである。自由の討論に慣れているはずの英国人にも、頑迷さが残存している。

「寛容」とは、討論の過程で、自分の嫌いな意見が勢いを増していくことに耐えられることである。「寛容」を身に付けた「国民」は、それだけ「進歩」の機会を多く得られることになる。自由な政治において「寛容」が不可欠であることは、ロック以降の英国の自由主義の伝統で繰り返し論じられてきたことであるが、バジョットは、それを社会進化の観点から再定位したわけである。

古代ギリシア、ローマ、英国の歴史を振り返りながらバジョットは、「討論による統治」が重視され、「寛容」の精神が拡がった時期と、文明の飛躍的な発展の時期が一致していることを例証する。ただ、新しい考えを、討論を通して採用することが習慣として定着したからといって、それでただちに安心というわけではない。

自由が拡大していくと、自分たちが主張する〝すぐれた意見〟をすぐに実行しようとする人たちが出てくるが、当然、それとは異なる意見の人たちもいる。さまざまな意見の人たちがそれぞれ自分の立場を主張し続けたら、討論はどこまでも続き、結局、何もできないことになる。バジョットは、自分の思った通りに早急に行動しようとする傾向は、原初的なメンタリティに由来するものであり、それを抑止するためのルール――相当の数の人が参加した討論を行い、合意が得られるまで、行動には移さないことなど――が必要であることを示唆している。ただ、その一方で、軍事のように緊急の決定が必要である場合には、討論による遅延が危険になり得ることも認めている。

バジョットは、「討論による統治」に適合し、政治をはじめ、各分野の発展に貢献できる優れた人物の資質を、「生気に満ちた中庸 animated moderation」と呼んでいる。自らの独創的な発想を何としても実現しようという強い意志を持ちながら、それを社会的に現実化するに当たっては、適切な手順に従って他の人たちの合意を取りつけながら事を進めていき、それによって自分にブレーキをかけることもできる、ということである。彼の時代の政治家では、パーマストンがそうした才能を示していた、という。

バジョットは基本的に自由主義と民主主義を擁護する立場を取るが、それは自由主義と民主主義が、人類が道徳的義務として到達すべき普遍的な価値を具現しているからではなく、英国が「選択的保守主義」の精神によって「進化」し続けるうえで有利な戦略であり、慣習としてすでに確立していたからである。古くからあって元の機能を喪失しているものであれ、新しくてまだ安定していないものであれ、利用できる慣習は利用していこうとするのが、バジョットの姿勢である。

第五章　シュミット――「法」と「独裁」

危機の時代の思想家

ドイツ思想史、そして西欧法制史においてもっとも危ない思想家とされるカール・シュミット（一八八八―一九八五）は、現在でもドイツ系の憲法学や法哲学に強い影響を与え続けている。また、近代の自由民主主義や経済的合理性を核とする市民社会的な諸規範、（西欧の男性を標準とする）「人間」概念等をラディカルに批判するポストモダン左派の陣営（の一部）からも高い評価を受けている。危ないけれど、魅力的な思想家なのである。

彼は専門的には憲法学者であるが、狭義の憲法学の枠を超えて、法哲学、政治哲学・思想史、神学、文学、美学など多分野にわたって著作を残している。ジャンルごと、時期ごとに異なったテーマを扱い、論調を変えるので、彼の思想の特徴をまとめるのは困難だが、もっとも関心を持たれている点に絞って言えば、西欧近代の政治の主流になった「自由民主主義」が抱える根本的な弱点を暴露し、（個人の自由を最優先する「自由主義」とは相容れない）「政治」や「法」の本質を独自の視点から明らかにしようとした危ない思想家、ということになるだろう。

　彼が思想家・法理論家として注目されるようになったワイマール期（一九一九―三三）のドイツは、まさに危機の時代であった。第一次大戦の敗戦によって第二帝政が崩壊し、ワイマール共和制がスタートした。世界で初めて完全な普通選挙制を導入すると共に、労働者の基本的権利や社会保障の権利など「社会権」と呼ばれる諸権利をやはり世界で初めて盛り込んだワイマール憲法は、当時、もっとも民主的な憲法と呼ばれた。しかし、その反面、敗戦ですべての海外植民地と、フランスとの国境地帯のアルザス・ロレーヌや東部の西プロイセンなど本国の領土の多くを失ったうえ、戦勝国から多額の賠償金を課せられるなど、対外的・経済的に苦しい状況に置かれた。政治的には、圧倒的多数を占める政党がなく、多くの政党が乱立し、政権が安定しなかった。右翼や共産党による武装蜂起もしばしば起こった。

　そうした不安定な状況の中で法学者としてのキャリアを歩み始めたシュミットは、議論を続けるばかりで、肝心な時になかなか必要な決定を下すことができない、市民（ブルジョワ）階層主導の議会制民主主義に対して不信を強めていく。シュミットにとって、「議会」とは、自己の経済的利益の追求に勤しむブルジョワの形式的な〝代表〟たちが、明確なヴィジョンを持たないまま、無駄なおしゃべりを続ける、見せかけの統治機関にすぎない。ブルジョワ自由主義は、一九世紀のあいだに西欧諸国に定着し、近代化と国家の統一が英仏よりも遅れたドイツ語圏の知識人のあいだにも思想的に浸透していった。シュミットから見て、ワイマール共和制は、ブルジョワ自由主義に支配されやすい構造を持った、不安定な体制に他ならなかった。

（プロテスタントが多数のドイツでは少数派である）カトリック教徒の家に生まれ、カトリックの神学や教会文化の影響を強く受けたシュミットは、一九世紀のカトリック保守主義者であるド・メーストル（一七五三―一八二一）、ボナール（一七五四―一八四〇）、ドノソ・コルテス（一八〇九―五三）等に依拠しながら、宗教的世界観に基づく政治体制でなければ、安定した形で「秩序」を維持することができないという論を展開するようになる。

ド・メーストルとボナールは、フランス革命―ナポレオン戦争期のフランス語圏で、コルテスは二月革命後のスペインで、カトリックの教義を背景とした反革命思想を掲げた政治家・政治思想家である。彼らはいずれも専門的な神学者ではないが、カトリック的な原罪観から、人間の本性を悪しきものと見なし、神聖で絶対的な権威の下に権力を集中させない限り、人民を導き、秩序を維持することはできない、という立場を取った。コルテスは「独裁」の必要性を明言した。

彼らは、西欧の自由主義者たちからは、時代遅れの反動扱いされるが、シュミットにとっては、自由主義者が曖昧にしてきた「政治」の本質を明らかにした先駆者たちだった。シュミットはコルテス等と同様に、「政治」の根底には、各政治的共同体に属する人々が共有する［世界―秩序―神学］観があるという前提に立って、自らの法・政治哲学的議論を展開するようになる。「政治的なもの」と「神学的なもの」の構造的に絡まり合った関係を、シュミットは「政治神学」と呼ぶ。シュミットの政治神学的アプローチは、特定の世界観に縛られない、中立的な「政治」を目指してきた近代自由主義、および、「法」から宗教や世界観を排除したうえで、実定法の解釈だけを法学の使命にしようとする、ケルゼン（一八八一―一九七三）などの法実証主義とは相容れない。

社会民主党（SPD）を中心とする中道左派連立政権が政権を担当していたワイマール初期には、カトリック保守主義を基礎にして「自由民主主義」を批判するシュミットは、法学界の中では異端的な存在であったが、第一次大戦中に参謀総長を務めたヒンデンブルク（一八四七―一九三四）が第二代の大統領に就任して以降、その側近たちから注目され、彼らとのつながりを強めていく。大統領の権限を強化して政治を動かそうとしていたシュライヒャー（一八八二―一九三四）などの側近にとって、「秩序」維持のための、絶対的権力と権威（＝主権）の必要性を説くシュミットの法・政治理論は魅力的だった。

ワイマール共和国は基本的に議院内閣制で、議会内での政党間の多数派工作を通じて連立政権を形成し、議会運営をするのが慣例になっていた。しかし、一九二九年の世界大恐慌にドイツが巻き込まれ、経済危機が深刻化する中で、共産党やナチスなど、左右のラディカルな勢力が伸張し、中道的な勢力が後退すると、安定的な多数派を形成することが困難になった。三〇年に、憲法五三条に規定されている大統領の首相任免権によって首班指名された、（カトリック系の）中央党のブリューニング（一八八五―一九七〇）は、議会で多数派を形成することができなかった。そのため憲法四八条で大統領に付与されている非常大権をしばしば行使して、議会の同意を得ないで、重要政策を実行するようになった。これ以降、大統領の権限と権威で内閣を発足させ、大統領の非常大権を背景として政権運営に当たる、「大統領内閣」制が既成事実になっていった。当然、大統領の側近の意向が、内閣の方針に反映されるようになる。

一九三二年七月に、中央党出身のパーペン首相（一八七九―一九六九）が率いる中央政府と、SPD中心のプロイセン州政府が対立し、前者が大統領非常大権を利用して、軍事・警察力で州政府を解体するという事態が起こった。この措置をめぐる国事裁判所での法廷闘争でシュミットは、中央政府側の代理人として、パーペンの決定を擁護した。経済政策など他の問題でも、四八条に基づく大統領内閣の方針を支持する議論を展開している。

しかし、大統領内閣の下でも経済危機から来る不安定を解消することはできず、ヴェルサイユ体制の打破を唱えるナチスや、ソ連の指導の下に社会主義革命を目指す共産党に対する支持が高まっていき、大統領内閣を支えていた伝統的な保守派や大資本のあいだにも、ナチスと提携することで、左の脅威に対抗しようとする意見が強まっていく。一九三三年にヒトラー（一八八九―一九四五）が遂に政権を掌握すると、シュミットはプロイセンの枢密顧問官とベルリン大学教授に就任し、それまで一定の距離を置いていたナチス運動の原理を正当化するようになる。一時はナチス法擁護者同盟の大学教官会議の指導者まで務めたが、三六年以降、親衛隊（SS）の機関紙や他のナチス系法学者から、非ナチス的な理論を展開していると批判されるようになったため、党の要職からは退き、法学教授として国際法や法思想史の研究に専念することになる。

シュミットとナチスの関係を、ごく簡単に要約すれば、権力者に迎合してみたものの、派閥抗争に巻き込まれて、中途半端な立場に置かれることになった、というだけのことである。ただ、その思想史的背景を考慮に入れて、やや好意的に説明すると、以下のように言えるだろう。カトリック教会の位階秩序をモデルにした政治的秩序を志向していたシュミット固有の思想と、（文化的なフィクションである）「民族 Volk」を実体視・神聖視するナチスの思想は本来相いれなかった。にもかかわらず、ナチスがドイツを政治的・経済的危機から救い出してくれることへの期待と、ドイツの法学に自らの理論を浸透させようとの戦略的思惑から、シュミットは一時期ナチスに思想的に歩み寄り、ナチスの神話的な「民族」観や、進化論的な人種イデオロギーを支持するかのような議論を展開した。しかし根本的な違いは隠し切れず、ナチス内部の対立に巻き込まれたのを機に、自らに固有の秩序思考を追求するようになったわけである。

第二次大戦の敗戦後、戦争犯罪の容疑で逮捕され、投獄されるが、最終的に起訴を免れる。大学には復帰できなかったが、著述活動や弟子たちや他の思想家との交流を通じて（西）ドイツの内外に影響を及ぼし続けた。ブルジョワ自由主義とアングロ・サクソン中心の世界秩序を批判するスタンスを示したので、右派だけでなく、ラディカルな左派の一部からも支持されるようになった。

先に述べたようにシュミットの著作活動は多岐にわたり、領域ごとに異なったテーマが論じられているが、本章の以下の部分では、政治的「秩序」を守るための「制度」に関する考察に焦点を絞って議論を進めて行く――シュミットの思想の「政治神学」的な側面については、拙著『カール・シュミット入門講義』（作品社、二〇一三）で詳しく論じた。

「秩序」と「独裁」

シュミットは、人々が分かったつもりで多用している概念を、その起源や来歴、思想史的含意に即してしつこく分析し、〝常識〟をひっくり返すことを得意とする。そうしたシュミットの才能がいかんなく発揮されている著作の一つに『独裁』（一九二一、二八）がある。

「独裁 Diktatur」という言葉は、日常的には、一人、あるいはごく少人数のグループからなる権力者に権力が集中している状態という漠然とした意味で使われることが多い。しかし、その〝定義〟でいいとすると、さまざまなタイプの権力集中がすべて〝独裁〟だということになる。武力による権力簒奪者も、世襲の専制君主も、議会等によって合法的に権力を付与された支配者も、すべて〝独裁者〟ということになる。当然、それらの〝独裁者〟の統治体制や権力装置はかなり異なる。どの程度権力が集中しているかを曖昧にしておくと、現実の政治制度としての独裁と、比喩的、誇張的な語法としての独裁の区別も曖昧になる。一党独裁やプロレタリアート独裁と言う時の〝独裁〟は本来の意味での独裁か？

そこでシュミットは、「独裁」の本来の意味にまで遡って、これがどういう趣旨の「制度」であったか明らかにする。シュミットにとって、「独裁」は、たまたま特定の人物に権力が集中したことから生じる、偶然的な現象ではなく、法制史的にはっきりした輪郭を持った制度なのである。

「独裁」というのは、元々、共和制時代のローマの法的制度である。通常は、二人の執政官（consul）が行政の最高責任者であるが、外敵の攻撃や内乱等で共和国が危機に瀕したとき、事態収拾のために、元老院の承認を得たうえで、執政官が特別な権限を持った独裁官（dictator）を任命することができた。独裁官はすべての公職者を指揮下に置き、軍の統帥権（imperator）を持つ。執政官の統治は、法に拘束されており、元老院の合意を得ながら進められねばならなかったが、独裁官は、元老院から独立に行動し、必要とあれば法を変えることもできた。通常の裁判手続きなしに、市民に刑を科すこともできた。ただし、任期は通常六か月前後であり、非常事態収拾後は、速やかに通常の体制に復帰することになっていた。また元老院や民会の本来の権限を削減することもできなかった。

つまり、「独裁官」は、共和制を守るため、必要な決定を下す権能を、合法的に与えられる例外的な存在だったのである。彼の権力は、共和制に対する脅威ではなかった。ただし、共和制末期にカエサル（前一〇〇—四四）が終身独裁官に就任し、元老院、民会、護民官（tribunus plebis）などの権限を削減し、帝政へと移行したことで、「独裁」の意味は大きく変質した。

この「独裁官」という制度については、マキャベリ（一四六九—一五二七）が、共和制時代のローマの政治史を論じた『ティトゥス・リウィウスの初篇十章にもとづく論考（ローマ史論）』（一五一七）でポジティヴに言及しており、彼以降の近代の国家論・政治哲学に影響を与えることになった。いかなる近代国家も、自らの主権を安定して維持しようとするのであれば、非常事態に効果的に対処するやり方を予め想定せざるを得ないからである。ルソーも『社会契約論』の中で、マキャベリ経由での「独裁官」制度への関心を示している。

シュミットによれば、近代国家における「独裁」には二つの形態がある。「委任独裁 die kommissarische Diktatur」と「主権独裁 die souveräne Diktatur」である。「委任独裁」というのは、主権者が自ら行う「独裁」ではなく、「特命委員 Kommissar」を通じて行う「独裁」である。

「特命委員」とは、特殊な任務の遂行のために臨時に任命される公職であり、他の役人のように、法律に縛られることなく、任命権者の意志にのみ縛られる。近代初期から一八世紀にかけて、教皇、皇帝、国王などが、司法、軍事、地方自治改革など、さまざまな分野で、「特命委員」に全権を与えて、通常の法や慣習の制約を超えて、迅速に問題の解決に当たらせている。「特命委員」の権限が及ぶ範囲は、任命権者からの「委託 Auftrag」の内容によって限定されていたし、任命権者たちの統治権自体も、法や中間権力との関係で制約されていた。このように権限が制約されている「委任独裁」は、古代ローマの「独裁」の延長線上にあるものと言える。

中央集権化が進行し、国家主権が強化されるにつれて、いかなる制約も受けない「独裁」が成立するための素地が生まれてきたが、シュミットは、決定的な転機になったのは、清教徒革命やフランス革命などの市民革命だと見ている。「革命」が生じる状況というのは、まさに「独裁」によって事態収拾が図られるべき国家の非常事態であるが、それだけに留まらない。「革命」が成功すれば、「主権者」が交替するだけでなく、「国家体制＝憲法」も変更される。そういう状況で行われる「独裁」は、当然それまでの国家体制を守るためのものでなく、「委任独裁」とは根本的に性質が異なる。

主権独裁は、既成秩序全体を、その行動によって除去すべき状態とみなす。主権独裁は、現行憲法にもとづく、つまりは憲法上の、ひとつの法によって現行憲法を停止するのではなく、憲法が真の憲法としての姿でありうるような状態を作りだそうと努めるのである。したがって主権独裁は、現行憲法にではなく、招来されるべき憲法にもとづくのである。このような行動はあらゆる法的観察の対象外である、と思われるかも知れない。なぜなら国家は、法的にはただ、その憲法において把握されうるのであって、招来されるべき憲法が、それ自身の前提によって、まだ存在しないものであるからして、現行憲法の全面的否定などということは本来いかなる法的根拠づけをも断念せざるをえないであろうから。したがって問題は、たんなる権力の問題となるであろう、と思われるかも知れない。だが、次のような権力が規定されるばあいには、そうではないことになる。すなわち、それ自身が憲法によって制定された権力でないにもかかわらず、あらゆる現行憲法に対して、それを根拠づける力となるという形で関連する、また、この権力自身はけっして憲法によって把握されず、したがってまた、かりに現行憲法がこの権力を否定したとしても、それによって否定されることのありえないような権力が。これが、つまり、「憲法」「制定権力」の意味なのである。（田中浩・原田武雄訳『独裁』未来社、一九九一年、一五七頁）

「主権独裁」は、既存の「国家体制＝憲法」を廃止し、「新しい憲法」を作り出すために――「新しい憲法」の下での主権者によって――行使される「独裁」である。「委任独裁」の場合は、既存の「憲法」に基づいて「独裁」を法的に枠づけすることが可能だが、「主権独裁」の場合は、「まだ存在しない憲法」のために行使されることになる。だとすると、それはもはや、本来の意味での「独裁」ではなく、憲法不在の状態での、ただの権力闘争にすぎないように思えてくる。

しかし、シュミットは、憲法を根拠づける「憲法制定権力＝（憲法を）構成する権力pouvoir constituant」の存在を想定すれば、「主権独裁」を、「独裁」として法的に根拠づけることが可能になる、と主張する。

「憲法制定権力」というのは、フランス革命の指導者の一人であるシェイエスが『第三身分とは何か』（一七八九）で、人民がすべての法の源泉であることを説明するために用いた概念である。立法や行政などの統治機関は、「憲法」によって「制定＝構成された権力pouvoir constitué」であり、「憲法」によって与えられた権限を越えて行為することはできない。それに対して、「人民」は、「憲法」それ自体を「制定（構成）constituer」する「憲法制定権力」の主体であるので、その「意志」は、「憲法」に拘束されることはなく、かつ、拘束されてはならない。憲法によって定められた機関である立法府と行政府のあいだに争いが生じるような場合、「憲法」が解体して、無秩序に陥らないためには、「人民」自身が憲法を超えた権力を保持していなければならない。

主権者としての「人民」に「憲法制定権力」があるとすれば、「人民」は、古い憲法を廃止して、新たな憲法によって、自らの権力を改めて根拠づけることができ、かつ、新旧の憲法のいずれも完全な効力を持っていないはずの移行期間のあいだも、「主権者」であり続けることになる。しかし、「人民」自身が「憲法制定権力」を行使して、新しい憲法を制定するといっても、古い憲法に基づく具体的な権力機関は消滅しているので、誰かが、「人民」を直接的に代理する「特別代理者der außerordentliche Vertreter」として秩序の回復・維持や新憲法の起草など必要な措置を取らねばならない。この「特別代理人」は、何ものにも制約されない「憲法制定権力」を代理しているのであるから、その権力行使はいかなる制約も受けない。秩序を再形成し、新しい国家体制＝憲法を制定するために必要であると自らが認めるあらゆる措置を取ることができる。公安を乱す恐れがあると自らが判断する者を、決まった手続きなしに逮捕するなど、市民の権利や自由を制限することもできる。実際、フランス革命時の恐怖政治の機関として悪名高い「公安委員会 Comité de salut public」は、「制定権力」を代理する「国民議会」から委託を受ける形で、「主権独裁」を遂行した。シュミットは、「公安委員会」をはじめ、フランス人民の憲法制定権力から直接的・間接的に〝委託〟を受けた「特命委員」たちの活動を細かに分析することで、「主権独裁」の実態を明らかにした。

彼はさらに、一九世紀以降、「戒厳状態 Belagerungszustand」という形で実行された「独裁」の代表的事例を検討している。一般的傾向としては、「戒厳状態」における軍司令官の権限を法的に制約し、市民の基本的権利は奪わないように配慮するなど、「戒厳状態」としての「戒厳状態」を法治国家の枠内に取り込もうとする「委任独裁」の論理が支配的だったが、いくつかのケースでは、「主権独裁」の論理も働いたことを指摘している。たとえば、一八四八年のフランスの二月革命直後の混乱の中で起きた、労働者たちによる六月蜂起を鎮圧するに際して、国民議会は自らが「憲法制定権力」の担い手であることを前提に、カヴェニャック将軍（一八〇二―五七）にすべての執行権限を付与している。すでに新しい憲法が制定され、政府が機能していても、権力が不安定で、「人民」の名において武装抵抗をしかける勢力がいる場合、「憲法制定権力」の所在を明確にすべく、「主権独裁」を行う必要が生じてくる。

近代の市民革命は、人民主権と諸個人の自由や権利を保障する立憲体制を確立することを目指したが、そのことによって、すべての規範を停止させてしまう「主権独裁」を可能にする「憲法制定権力」の論理をも生み出してしまった。シュミットは、その逆説的な関係を見抜いていたのである。

大統領の独裁と「例外状態」

シュミットは、近代市民革命が生み出した「主権独裁」の論理は、大統領の非常大権を規定するワイマール憲法の四八条にも入り込んでいると見ている。この問題について彼は、一九二四年のドイツ国法学者大会で報告し、後に『独裁』の第二版（一九二八）に収録した論文「ライヒ大統領の独裁」で論じている。「ライヒ Reich」というのはもともと、「帝国」を意味するドイツ語であったが、帝政崩壊後も、「ドイツ国家」「全国」を意味する言葉として用いられるようになった。

憲法四八条第二項では、「ライヒ大統領は、ドイツ・ライヒにおいて公共の安全と秩序が著しく乱れる、あるいは、危険に晒される時、公共の安全と秩序の再建に必要な措置を取ることができる。必要な場合には、武力を用いて介入することもできる。この目的のために大統領は、第一一四、一一五、一一七、一一八、一二三、一二四、一五三の各条に定めた基本権の全部または一部を、暫定的に停止することができる」と規定されている。一一四条は人身の自由、一一五条は住居の不可侵、一一七条は信書・郵便・電信・電話の秘密、一一八条は意見表明の自由、一二三条は集会の自由、一二四条は結社の自由、一五三条は財産権の保障に関するものである。いずれも近代憲法で、市民の基本的権利として保障されているものである。

シュミットはまず、この条文に関する通説的な解釈に異議を唱える。通説的な解釈では、大統領が「停止 außer Kraft setzen」できるのは、具体的に列挙した七つの基本権だけだというものだが、シュミットに言わせれば、これは国家にとっての「例外（非常）状態 Ausnahmezustand」に関する規定であり、これを実際に運用すれば、不可避的に憲法の他の条項も侵害することになる。実際、それまで四八条に基づいて出された大統領命令のいくつかは明らかに、他の憲法条項に反している。シュミットは、非常事態に関する法史・憲法史的発展過程や判例を精査しながら、四八条の性格を明らかにしていく。四八条によって、大統領は無制約の権限、「全権 plein pouvoir」が付与されるのである。

四八条に基づいて行われる大統領の「独裁」が、「委任独裁」か「主権独裁」かという問題に関しては、四八条自体が「憲法」の一部である以上、「憲法制定権力」に直接的に由来する「主権独裁」ではあり得ないという見解をシュミットは示している。「法治国家的憲法」と「主権独裁」とは相容れない。

しかし、そう言いながらシュミットは、四八条五項の「詳細はライヒの法律で規定する」に注意を向ける。この細目規定（die nähere Regelung）は単に副次的・付随的なものではなく、大統領の全権を限定して、法治国家の枠内に収めるうえで本質的な役割を担っているはずである。しかし、この細目規定のための法律はまだ制定されていない。従って、憲法四八条二項は、完全に完結した規定ではなく、憲法自体も依然として未完の状態にある、ということになる。このことは、「大統領の独裁」が、全面的に法治国家的憲法によって枠づけられていないことを意味する。

シュミットの歴史理解では、ワイマール憲法が制定される直前のドイツは異常な危機的事態にあり、制憲議会は、ドイツ人民の「憲法制定権力」に基づいて「主権独裁」を行わざるを得なかった。「憲法」の制定をもって「主権独裁」は停止するはずだったが、再び混乱が出現する恐れがあったため、「委任独裁」の形で「例外状態」に対処するための四八条を憲法に盛り込んだ。しかし、その四八条に基づく「独裁」を、「委任独裁」として枠づけるための憲法プロセスはまだ完結していない。したがって、「主権独裁」から「委任独裁」への制度的移行は、終わっていないことになる。言い換えれば、「大統領の独裁」は、主権独裁的な性格を部分的に保持していることになる。

シュミットは結論として、四八条の「暫定状態 Provisorium」を終わらせるには、第五項で予定されている法律によって、独裁的諸権限の前提と内容を詳細に規定するしかないと述べている。しかし、裏を返せば、その時まで大統領は、憲法のほとんどの条項を事実上停止することができる〝主権独裁〟的な権限を持ち続けると暗示しているとも言える。

こうした「独裁」制をめぐる法制史・憲法学的な研究とパラレルに、シュミットは、「独裁」の意味するところを——歴史的に実在した法・政治制度とは切り離した形で——政治哲学的にラディカルに掘り下げて論じる仕事もしている。その方面の代表作である『政治神学』(一九二二)

の冒頭で、「主権者とは、例外状態に関して決定を下すものである」という有名な定義を示している。「例外状態に関して決定する」というのは、単に「例外状態」の中で「独裁」を行うということではなく、どういう状況が「例外状態」であるか「決定する entscheiden」ということである。この場合の「決定」は、無条件の決定である。

なぜ無条件なのか、と言えば、何が国家の存続にとっての急迫状態になるか、あらかじめ予測することはできないので、何をもって「非常事態」を認定する要件とすべきか、憲法や法律の規定で縛ろうとしても、意味をなさないからである。その意味で、「非常事態について決定するもの」は不可避的に、法を超えた存在になる。

この主権者は、現に極度の急迫状態であるかいなかを決定すると同時に、これを除去するためになにをなすべきかをも決定するのである。主権者は、平時の現行法秩序の外に立ちながら、しかも、憲法が一括停止されうるかいなかを決定する権限をもつがゆえに、現行法秩序に属するのである。（田中浩・原田武雄訳『政治神学』未来社、一九七一年、一三頁：一部改訳）

シュミットが言う意味での「主権者 der Souverän」は、憲法や法を超えた「決断」をするので、既存の「法秩序 Rechtsordnung」の外部にある。しかし、「法秩序」が存続するには、「非常事態」に際してそれを防衛すべく、そこに属するすべての人の力を結集させる「主権者」が必要となる。さらに言えば、いかなる法規範も通用しない無秩序の中から、「法秩序」を作り出すには、何が法規範として通用すべきかを最終的に「決定」する「主権者」が必要である。そうした意味で、「主権者」は、「法秩序」の本質的構成要因である。

法や道徳のさまざまな規範（Norm）が通用している「正常 normal」な状況にあっては、究極的な「決定」する主体としての「主権者」の存在はあまり意識されないし、意識しなくてもすむ。しかし、「非常事態」が生じた時には、「主権者」の存在が不可避的に意識されることになる。あたかも、自然を創造した神が、通常は自然界に直接介入しないが、極限的な状況において、自然法則を中断して「奇蹟」という形で直接介入し、その力を顕すように、「法秩序」の源泉である「主権者」は、「例外状態」において、憲法や法律を停止して「独裁」という形で直接介入し、その主権的な力を顕す。こうした「政治」と、「神学」の深層構造における類似性を問題にするのが、シュミットの「政治神学」的アプローチの特徴である。

「法の支配」を強調する近代の法学、特にケルゼン等の法実証主義は、「決断（決定）」する主体としての「主権者」の存在を曖昧にし、あたかも「法」それ自体が主権者として統治しているかのような議論を展開してきた。シュミットに言わせれば、それは欺瞞である。国家の「主権」の本質が露わになる「非常事態」に対処し、「正常＝規範性 Normalität」を回復するには、「人格」を持った最終決断主体が要請される。

こうした論法によってシュミットは、近代の自由主義法学や政治思想が直視しようとしなかった法や政治の〝本質〟を明らかにしようとする。

「民主主義」の本質

「自由民主主義」に対するシュミットのラディカルな批判がもっとも体系的に展開されているのが、『現代議会主義の精神史的地位』(一九二三)である。この著作を通して、シュミットは「民主主義」と「自由主義」の両立可能性を前提としている近代議会主義の限界を暴露することを試みている。

まずシュミットは、近代の政治における勝利者のような様相を呈している「民主主義」の意味するところが極めて多義的であり、さまざまな政治的価値と結びついてきたことを指摘する。自由主義と社会主義、中央集権と地方分権、平和主義と軍国主義といった正反対の立場のいずれとも結びつきうる。そのうえで、さまざまな「民主主義」観に共通する要素として「同一性 Identität」があるという見解を示し、「同一性」という側面から「民主主義」を特徴づけている。「民主主義」は、「人民の意志」に関係する一連の「同一性」によって構成される。

この同一性とは、統治者と被治者、支配者と被支配者の同一性、国家的権威の主体と客体との同一性、人民と議会におけるその代表との同一性、国家と投票する人民との同一性、国家と法との同一性、最後に量的なもの(数的に現われた多数あるいは全員一致)と質的なもの(法律の正当性)との同一性である。(稲葉素之訳『現代議会主義の精神史的地位』みすず書房、一九七二年、三七頁)

これら一連の「同一性」が成立しているとすれば、一部の者の決定に他の者が一方的に従属させられるのではなく、ある一人の人間が自分の決めたことに自分で従っているのと同じことになる。「私」の意志と、法律や判決などの形で表明される「人民＝私たち」の意志は、必然的に一致することになる。

無論、「同一性」といっても、実体的に〝同じもの〟であるということではない。要は、「同一な」ものとして、〝人民〟によって「承認 anerkennen」されるということである。人民投票で多数を占めた意見や、選挙で選ばれた代表の中の多数意見が、「人民の意志」と「同一」と見なされる場合もあるし、民衆の「喝采」がそう見なされることもある。一人あるいはごく少数の人の意志が、そのまま「人民の意志」と見なされたこともあった。

どのような「同一性」を基礎にすれば、〝真の人民の意志〟が形成されるかをめぐる争いは西欧政治思想史の中で連綿と続いてきたが、「同一性」についての実体的な基準がないので、決着はつかない。どのような形態の〝民主主義〟に対しても、（「人民の意志」に根ざした）「真の民主主義 die wahre Demokratie」の名において異議を申し立てることができる。「これから創出されるべき真の民主主義」の名において、現行の民主主義を停止し、過渡的に「独裁」を行うことを正当化することもできる。そう考えれば、「独裁」と「民主主義」は矛盾しない。フランス革命時のジャコバン政権や、ソ連のボルシェヴィキ政権は、実際、「真の民主主義」のための「独裁」を実行している。「民主主義」が「議会主義 Parlamentarismus」と結びつく必然性はないのである。

シュミットによれば、「議会主義」の本質的な要因は、「公開の討論」である。代表たちの討論を通して真理が探究されると共に、それが公開されていることによって、国家の政治が市民たちに監視されている状態になっているということである。これがさらに、言論・出版の自由や集会の自由等の市民の基本的自由と結びつくことによって、国民全体で討論をして、真理を探究する形になる。近代の自由主義は、契約の自由、商業の自由など経済競争の自由をベースとしているが、議会主義と結びついた政治的自由の領域でも、討論という形の意見の競争が中心的意味を持つ——こうした理解は、ミルやバジョット等の見方と基本的に一致する。

こうした議会の内外での討論を通して、「同一性」が創出されるのであれば、［議会主義―自由主義］の結合体と「民主主義」は相互に支え合う関係になるかもしれない。しかし、個人の意見や思想信条の自由を重視する自由主義は、複数性を重んじるので、「同一性」の論理に徹することは難しい。すでに見たように、トクヴィルやミルは、民主主義の行きすぎによって、少数派の意見が抑圧されることに警戒を示している。それに対して、フランス革命の指導者たちのように、非合理的な意見を排除し、絶対的な合理性に基づく統治（＝「理性の独裁」）を実現しようとする民主主義論の系譜もあった。

シュミットは、近代市民革命の歴史の中で顕在化した、さまざまな意見のあいだの均衡を図ることによって合理性を確保しようとする相対的合理主義と、絶対的合理主義の対立に注目する。［議会主義―自由主義］は、前者と結びついている。前者は、二院制、三権分立、地方分権などの形で権力を分立しようとする傾向があるのに対し、後者は権力の一元化を志向する。

法律と真理の同一視（Identifikation）はこの二つの合理主義に共通するが、しかし相対的な合理主義は自己を立法すなわち議会に限定し、議会の内部においてもまた一貫して自己を単に相対的な真理に限定するのである。したがって党派の対立を通じて行われる意見の均衡化（Balancierung）は、決して世界観の絶対的な問題にまで拡げられず、その相対的な性質上こうした過程に適した事柄にのみ関係する。全く相反する対立は議会主義を廃棄するものであり、議会の討論は共通な、論議の余地のない基礎を前提としている。国家権力もその他何らかの形而上学的な確信も直接的な明証性（Apodiktizität）をもって現われることを許されない。すべてのものは故意に複雑化された均衡の過程によって媒介されねばならない。しかし議会は、審議する場所、すなわち弁論の過程において主張と反対主張との討論を通じて相対的な真理が獲得される場所である。国家にとって多数の権力が必要であるように、すべての議会的な団体は多数の党派を必要とするのである。（前掲書、六二頁：一部改訳）

「議会主義―自由主義」は、特定の形而上学的な「世界観」に基づく政治を嫌うので、討論を通じて〝絶対的な真理〟に到達しようとはしない。むしろそうならないように、多数の権力や党派が存在するように配慮する。ただし絶対的な対立があると、討論自体が不可能になるので、討論するための最低限の基盤は共有しているという前提の下で、討論し、その都度の〝結論〟を「相対的真理 die relative Wahrheit」として認め合う。当然、それでは、安定した「同一性」を作り出すことはできない。

シュミットは、彼の生きている時代の議会政治が、そうした「均衡化」という目標からさえも遠ざかりつつあると見ている。議会の本会議での〝討論〟は次第に形骸化し、政党内部あるいは政党連合の小さな委員会で決定されるようになっている。それよりもさらに重要な決定は、議会外の大資本の利益団体の委員会で決定されている。五年後に刊行された『憲法論』（一九二八）では、これに加えてさらに、各政党が代表する利益や階級が固定化し、組織の中に取り込まれた議員の立場が党によって規定され、議会内外の政党間の協議は、討論ではなく、それぞれの利益と勢力配分に基づく談合になっていることを指摘している。

現代議会政治が抱えるこうした問題については、すでに社会学者のマックス・ウェーバー（一八六四―一九二〇）が『職業としての政治』（一九一九）等で指摘していることであり、シュミットもその影響を受けている。ただ、ウェーバーが、党派的硬直性を打破できる、指導力のある政治的エリートを養成する場として議会が機能することを信じていたのに対し、シュミットはもはやそうした期待さえ抱いていない。

シュミットの理解では、議会主義の思想の根幹をなす監視の要求と公開性と公示性への信念は、絶対君主による官房での秘密政治によって人民の運命が決められていた状態を打破しようとする闘争から生まれてきた。しかし、議会での討論が形骸化している以上、それらは意味を失いつつある。それと共に、言論と出版の自由の意味も希薄になりつつある。

そうした「議会主義」の弱体化を指摘する一方でシュミットは、「民主主義」的な「同一化」の論理を徹底しようとする左右のラディカルな運動を評価する。右の代表は、カトリック的な世界観に基づく「独裁」を提唱したコルテスであり、左の代表は、労働者の直接行動に基づく無政府主義（アナルコ・サンディカリスム）の可能性を追求したフランスの社会主義者プルードン（一八〇九―六五）とソレル（一八四七―一九二二）である。彼らは、大衆を革命へと動かし得る神話的要素を重視した。それは、英雄的、戦闘的なイメージを喚起し、彼らを熱狂させ、殉教と暴力行使への勇気を与える。彼らにとって、討論し、妥協し、交渉することは、神話と偉大な感激への裏切りに他ならなかった。同時代人であったコルテスとプルードンは、お互いを終末論的な最終決戦における、本当の敵として意識し合っていた、という。

『現代議会主義の精神的地位』第二版（一九二六）の「前書き」でシュミットは、「同一性」を強調した第一版の議論からさらに一歩進んで、人々が実体的に〝同じ〟である必要性を主張している。「民主主義」の本質は、第一に「同質性 Homogenität」であり、第二に、必要とされれば、「異質なもの das Heterogene」を排除ないし絶滅することである。具体的には、同じ「国民 Nation」に属する人々、言い換えれば、言語、慣習、歴史、宗教などを共有する人々だけでまとまり、それ以外の人々を排除することで、同質的な国家を作ることである。そうやって同質的な国家が生まれると、国家を構成する一人一人を「平等に＝同じものとして gleich」扱う民主的な政治が可能になる。「民主主義」は、他者排除等の強制措置によって、自らの「同質性」を高め、自らの支配を正当化する「同一性」を創出することができるのである。

このようにシュミットは「同質性」を基盤とする「民主主義」の論理によって、建前的に複数性に拘るがゆえに、危機的な状況に対応できない、議会主義の限界を打破する路線を志向するようになる。第二版の翌年に刊行された、『政治的なものの概念』（一九二七）では、「政治的」と形容される人間の行為の標識は、「友 Freund」と「敵 Feind」の区別である、という有名な定式を提示する。シュミットにとって「政治的」なのは、異なった世界観や見解を抱いている人とのあいだで妥協し、均衡を生み出す行為ではなく、むしろ異質な他者同士のあいだの敵対関係を顕在化させ、同質的な「友」の範囲を確定する行為である。

「具体的秩序」の構想

ナチス政権期に発表された論文「法学的思惟の三種類」（一九三四）でシュミットは、「具体的秩序 konkrete Ordnung」という考え方を提起する。これは、「同一性」と「同質性」を核とする彼独自の「民主主義」論や、「友／敵」二分法と親和性のある考え方である。

シュミットはまず、法学における「法」理解には三つのタイプがあることを指摘する。「規則及び制定法思考（規範主義）」「決断思考（決断主義）」「具体的秩序思考」の三つである。

「規範主義 Normativismus」というのは、「法」をさまざまな規則や制定法の総体ととらえる考え方である。「規則」というのは、場所や時代、状況、当事者がどういう人物であるかによって変わることがない――たとえば、「他者の所有権を侵害してはならない」とか、「契約は遵守しなければならない」といった形で表現される――一般的で、抽象的な性質のものである。制定法は、そうした規則の集合体と見なされる。法学の役割は、規則や制定法の条文の相互関係を明らかにし、数学や自然科学の場合のように、一つの合理的な体系として表現することにある。近代の法学では、規範主義が唯一の合理的な法理解と見なされる傾向がある。

「決断主義 Dezisionismus」というのは、裁判における裁判官の判断や例外状態における主権者の決定のような「決定（決断）Entscheidung」を「法」の本質と見る見方である。当然、誰の決定でもいいわけではない。人々にその決定を受けいれさせることのできる「権威 Autorität」を持った者の「決定」であることが肝心である。キリスト教の教えで神が命じることによって宇宙の秩序と法則が出来上がったとされるように、主権的な権威を持った者の決断によって秩序と法が創造される。近代においてこの考え方を最初に明確に示したのは、ホッブズであり、『政治神学』や『政治的なものの概念』でのシュミット自身の考え方も、この系譜に属する。

「具体的秩序思考」というのは、「規範主義」が「法秩序」を抽象的で一般的な規範の論理的体系としかとらえないのに対し、秩序を、現実の社会の中に具体的に存在するものとしてとらえる。たとえば、「規範主義」が、刑法においてどのように犯罪とそれに対する罰則が規定されており、それらの規定のあいだにどのような論理的関係があるかに関心を向けるとすれば、「具体的秩序思考」は、抽象的な規範だけでなく、警察や検察、民間の防犯協会などの治安維持のための法的制度が実際に防犯の機能を果たしているかどうかに関心を持つ。家族であれば、家族法の規定よりも、家族という制度が実際にその本来の役割を果たしながら、維持されているかに関心を持つ。法的な制度や組織の具体的な状態を問題にするわけである。具体的な秩序は、その国や地域ごとの歴史や文化、法的生活の在り方によって異なる。

「具体的秩序思考」は、古代や中世の「法」理解においては有力であったが、近代においては、規範主義的法実証主義によって押されぎみになっている。ドイツでも一九世紀前半までは、国家や民族を成り立たしめている法制度や慣習を「具体的秩序」と見る考え方が継承されていたが、一九世紀後半以降、伝統的な共同体的生の解体の進行と法実証主義の台頭によって、次第に衰退していった。

シュミットは、規範主義的な法実証主義の台頭に抗して、「具体的秩序思考」を再建しようとする最初の理論的試みとして、フランスの法学者モーリス・オーリウ（一八五六―一九二九）の「制度 institution」論に注目する。フランスの行政法の実務を詳しく研究したオーリウは、行政組織が一つの生きた有機的統一体であり、その実体に合わせて行政法が構成されていることを明らかにする。国家行政という「制度」には、決定の審級の階層的序列、官職のヒエラルキー、組織内の自治、対立する諸傾向や勢力のあいだの均衡、内部規律、名誉と職務上の秘密、および、それらすべてを支える「正常な安定した状態 situation établie」といった諸要素が含まれている。これらの要素を把握しなければ、行政法を理解したことにはならない。

ドイツの法学の現状に関してシュミットは、一九二〇年代以降、規範主義的法実証主義の影響が衰退し、国家・社会・民族の生活・共同体秩序を考慮に入れた法改革が、刑法や税法等の分野で進行していることを指摘している。その延長線上で、ナチスが構築しようとしている新たな法秩序を評価することを試みる。新たな国法（憲法）および行政法には「指導者原則 Führer-grundsatz」が貫徹し、「忠誠」「服従義務」「規律」「名誉」といった、具体的秩序と共同体からのみ理解できる概念が用いられるようになった——〈Führer〈指導者〉〉はヒトラーの称号である。労働法でも、三四年の「国民労働秩序法」によって、従来の労働契約に基づく雇用者／被用者関係に代わって、経営目的の促進ならびに「民族と国家の共通の利益」のために共同して働く、指導者／被指導者関係が構築されつつあるという。

このようにシュミットの「具体的秩序思考」は、ナチスの民族共同体論のような、民族至上主義的なイデオロギーを法的に正当化するのに利用されやすい危うさを持っている。しかし、「法」は単なる抽象的規範の論理的体系ではなく、人々の生活・共同体秩序に対応する具体的な形態を持っていること、規範と現実を媒介する各種の「制度」が重要であることを理論的に掘り下げて論じたことには一定の意義がある。法規範の体系を論理的に精緻化し、それに基づく憲法や法律を制定したとしても、それが当該社会の人々の生き方とかけ離れていたら、「具体的秩序」を形成できない。この方面でのシュミットの議論は、バークやバジョットの「憲法」論を、「法」概念の発展史の中に位置づけ直したものと見ることができる。

「大地のノモス」

一九三〇年代後半以降、シュミットはヨーロッパを中心とする国際的秩序の問題と取り組むようになる。これは、「具体的秩序」論の国際版と見ることもできる。

シュミットはかねてから、第一次大戦後に成立した、英米仏中心のヴェルサイユ体制に反感を抱いていた。『政治的なものの概念』では、「国際連盟 League of Nations」があたかも全人類を包括する普遍的組織であるかのように装っていることの欺瞞性を指摘している。シュミットに言わせれば、国家が存在する限り、友／敵の関係は存在する。それは、戦争が起こる可能性があるということである。「国際連盟」は、ある目的のためにいくつかの国家が同盟を結んだものであり、国家の存在を前提にしている。にもかかわらず、「国際連盟」中心の世界秩序には戦争はあり得ないかのように装えば、「国際連盟」に対立する形で〝戦争〟を起こす国家を「人類」の敵と見なし、「人類」の名において〝制裁〟を加えることになりかねない。それは結果的に、国家間の敵対関係をエスカレートさせることになる。これは、見方によっては、冷戦構造終焉後の国際情勢を予見していたかのような考察であり、その〝先見性〟ゆえに、九〇年代以降、アメリカの普遍主義を批判するポストモダン左派から評価されるようになる。

「人類」を統一する世界国家を目指すかのようなポーズを取る普遍主義の危険を看取したシュミットは、むしろ、国家が存在する限り、友／敵関係が存在することを率直に認め合ったうえで、「戦争」が起こった場合、無限にエスカレートさせないよう一定の枠内に収めるような仕組みが重要であると考えるに至った。シュミットはそのモデルが、かつてのヨーロッパにあったと見ている。それについて本格的に論じたのが、『大地のノモス』（一九五〇）である。「ノモス」は、「法」を意味するギリシア語である。

この著作の冒頭、シュミットは「法」の本質的な機能として「場所確定 Ortung」を挙げている。「場所確定」とは具体的には、共同で陸地を取得し、都市を創設することである。「陸地取得 Land-nahme」は、共同体内的には、各人に土地を分割し、所有関係の秩序を創ることを、対外的には、他の集団や勢力に対抗する、国際法的な権利の確立を含意している。この両面において、取得された陸地の上に、人々の生の在り方を規定する「空間秩序 Raumordnung」が形成される。ギリシア語の「ノモス nomos」は、土地等を分割することを意味する動詞〈nemein〉から派生しており、土地（をめぐる具体的秩序）との結びつきが強い概念である、という。

ヨーロッパの中世の「空間秩序」は、民族大移動による「陸地取得」を起点として形成されたもので、キリスト教共同体としての性格を持っていた。キリスト教共同体の内部では、戦争が起こっても、それは共同体の共通の法慣習によって枠づけられていた。簡単に言えば、決闘のような決まった様式での戦闘に収まっていて、戦いが無制限に拡大することはなかった。異教徒に対する戦争、例えば、十字軍戦争等とは根本的に異なっていた。キリスト教共同体に属する場所だけを包摂する法秩序があったわけである。

この空間秩序は、ヨーロッパの各地の領域国家が、皇帝や法王の支配から独立し、主権を確立するようになったことで、終焉を迎える。それに代わる新しいヨーロッパの空間秩序形成の契機になったのは、一五〜一六世紀の地理上の発見である。新世界は、ヨーロッパから見て、新しい「陸地取得」の対象であった。そこで、原住民を押しのける形でヨーロッパ人が陸地を取得することが正当化できるのか、できるとすればどのような論理によるのか、ヨーロッパ諸国同士の新しい陸地をめぐる紛争をどのように法的に解決するか、特に戦争に関するルールをどう構築するのか、という問題が浮上してくる。そこで、法学者たちによる「国際法」の体系化が始まる。国際法の父として知られるグロティウス（一五八三―一六四五）もそうした文脈の中で自らの理論を体系的に展開する。

　こうした動きと並行して、ヨーロッパ大陸では、旧教と新教の対立から発生した三十年戦争（一六一八―四八）の後に結ばれたウェストファリア条約等によって、ヨーロッパ諸国はお互いを主権国家と認めて尊重し合う体制ができあがっていった。主権的な領域国家同士の戦争も枠づけられるようになる。この際に、非ヨーロッパ地域での新しい土地をめぐる争いと、主権国家同士が領域的に直接対峙しているヨーロッパでの戦争では、依拠すべき法の論理が異なること、言い換えれば、ヨーロッパは他の世界とは異なる空間秩序を持っていることが意識されるようになった。非ヨーロッパ地域では、（ヨーロッパ諸国同士の）境界が明確に確定されていないため、原初的な陸地取得をめぐる争いが延々と続く余地があるのに対し、ヨーロッパでは、それぞれの国家の領域は確定しており、合法的な主権者が存在することを各国とも一応の前提にしなければならなかった。

　そこから、ヨーロッパ大陸に適用される「ヨーロッパ公法 Jus publicum Europaeum」と呼ぶべき、国際法の体系が生まれてきた。主権国家がお互いを対等の相手と認め合うことを前提とする「ヨーロッパ公法」では、戦争に際しても、いずれか一方の側が〝正義〟を独占して闘うことはできない。そもそも、いずれの側の言い分が正しいのか最終的に判定できる審級は存在しない。最終的な裁定者がいないと不安定なのではないかとも思えるが、シュミットに言わせれば、絶対的権威が不在なおかげで、敵を犯罪者として殲滅するという考えはなくなった。不正義の国家に制裁を加えるという意味での「正戦 gerechter Krieg」という考え方を放棄し、お互いを対等の敵（=「正しい敵 hostis justus」）と認め合うことが、ヨーロッパ諸国間の戦争の基本となった。

陸地がヨーロッパ諸国の領土あるいは植民地とされていく一方で、貿易、漁業、海戦の場である海洋は、すべての国家が自由に活動できる共同の空間（公海）として位置づけられ、国際法としての海洋法が整備されるようになった。海洋の自由を阻害しないよう、領海は、沿海三海里までに限定されることになった。早くから世界の海に進出した英国の海賊たちが、海洋の自由を既成事実化するうえで重要な役割を果たした。

このようにヨーロッパの大地と、それ以外の土地や海洋を区別することによって、「ヨーロッパ公法」は機能していたわけであるが、一九世紀末以降、アメリカや日本などアジア諸国、国際法的に異なった土地状態の国家が台頭し、国際的機構・会議に対等の資格で参加するようになったことで、ヨーロッパに限定した空間秩序を維持することは困難になった。非ヨーロッパ地域をも含めた、〝普遍的〟な国際法が形成され始めたので、本国と植民地の区別も相対化された。また、経済がグローバル化し、経済に関わる私法が国家主権の制約を超えて拡大・発展していくことで、ヨーロッパの主権国家間の法である「ヨーロッパ公法」の役割は相対化されていった。

第一次大戦後に出来上がった、国際連盟を中心とする体制は、名目的には、世界平和を目指すものだったが、シュミットに言わせれば、きわめて中途半端なものだった。戦勝国側の主要強国であり、南北アメリカ大陸における別個の空間秩序の中心でもあったアメリカは、ヨーロッパとアメリカはお互いの大陸に介入すべきでないとするモンロー主義の建前から、最終的に連盟に参加しなかった。一方、ヨーロッパの東側に別の空間秩序を形成しつつあったソ連は最初から不在であった。

新しい世界秩序の形成が目指されたにもかかわらず、大戦後の世界の在り方について協議した一九一九年のパリ講和会議では、あたかもスペイン王位継承戦争の講和条約として成立したユトレヒト条約（一七一三）やウィーン会議（一八一四）と同じ前提に立っているかのような調子で議論が行われ、ヨーロッパ外の空間秩序についてはほとんど語られなかった。その一方で、それまで「ヨーロッパ公法」の中心的な担い手であった、ドイツとオーストリア・ハンガリーは、新たな陸地分割 Landverteilung の対象となった。「ヨーロッパ公法」の解体は決定的になったものの、連盟には、それに代わるべく、より普遍的な空間秩序を形成する意志も能力もなかったわけである。

第一次大戦に対する反省から構想された連盟は、戦争を制限、枠づけし、殲滅戦争を回避することを目的としていた。しかし、実際には、そのための独自の有効な手段を持たず、指導的な国家である英国とフランスの中小のヨーロッパ諸国に対するコントロールによって、一定の影響力を持っているにすぎなかった。一九三五年にイタリアが軍事力によって同じ連盟加盟国であるエチオピアを植民地化すべく軍事進攻した際、連盟は経済制裁を決議したが、翌三六年には、イタリアが戦争に勝利し、エチオピアを併合する。連盟加盟国の多くが併合を承認したため、総会決議で制裁は中止になった。併合を承認するかしないかは、加盟各国に委ねられることになった。

しかし、戦争抑止への実効的手段はなかったにもかかわらず、「戦争」概念は大きく変わった。ヴェルサイユ条約では、ドイツの前皇帝ヴィルヘルム二世（一八五九―一九四一）の訴追に関連して、「戦争犯罪 war crime」という概念が新たに作り出された。主権国家がお互いを「正しい敵」と認め合う「ヨーロッパ公法」の下では、国家主権の行使としての戦争自体が犯罪と見なされるというのは考えられないことだったが、二四年のジュネーヴ議定書では、「攻撃戦争」は犯罪であることが宣言された。

また第一次大戦での空軍の登場によって、空間秩序は大きく変わった。陸軍中心の従来の戦争では、相手側の領土に侵入しても、そこを占領している状態を続けようとすれば、その土地の公共の秩序を維持し、住民を保護しなければならなかった。国際法を守るように振る舞う必要があった。そうしたことが、殲滅戦にエスカレートするブレーキになっていた。海軍の闘いは、それとは事情が異なっていた。海の闘いでは占領は問題にならないし、海上封鎖を行う場合も、陸地の住民と直接接点はなかった。ところが、そこに空軍が導入されると、状況は全く異なってくる。爆撃機は、相手方の土地や住民と接点を持たないまま、陸地全体を見下ろし、ピンポイントで攻撃することができる。

こうした技術の進歩によって戦争と陸地との関係が変化し、その変化が、犯罪者に制裁を加えようとする「正戦」的な考え方と結びつくと、殲滅戦争が実際に行われる可能性が高まってくる。相手方を、害悪をもたらす怪物として表象すれば、それを最新の兵器によって上空から攻撃し、絶滅させるのは当然のことになる。

シュミットの空間秩序分析には、ドイツ的なバイアスがかかっているが、空間的特性とは関係ない〝普遍的な正義〟を標榜する政治がかえって、殲滅戦争を引き起こす恐れがある――現代の国際政治では、常識になりつつある――ことを的確に指摘しているように思える。

第六章　ハイエク――自生的秩序の思想

経済学から政治哲学へ

オーストリア生まれで、主として英国やアメリカで活動した経済学者フリードリヒ・ハイエクは、「新自由主義」批判の文脈で否定的に言及されることが多いが、「自由」と「法」について、「進化」という視角から論じた政治哲学者でもある。異なった生き方をし、能力も知識も異なる諸個人が共存することを可能にする、「制度」「ルール」「秩序」「法の支配」を重視する彼の議論は、マスコミ等で〝市場原理主義〟と呼ばれているものとはかなり性質を異にする。

彼が経済学者として有名になったのは、一九三〇年代初頭の、景気循環における「貨幣」の役割をめぐるケインズ（一八八三―一九四六）との論争がきっかけである。論争の発端になったのは、ケインズの『貨幣論』（一九三〇）に対するハイエクの批判的書評である。貨幣を単なる交換手段と見なす傾向が強かった従来の経済学とは一線を画し、「貨幣」が景気の不安定要因であるということに関しては両者は一致していたが、中央銀行が金利政策によって市場利子率を操作することで、物価と雇用を安定させ、景気を回復することが可能だと見ていたケインズに対し、生産構造をめぐる実物的な問題を重視するハイエクはそうした人為的な操作、特にインフレ政策がかえって事態を悪化させると考えた。

その後、ケインズは『雇用・利子および貨幣の一般理論』(一九三六)で、金利政策以上に政府による財政政策を強調するようになり、ハイエクとの違いはさらに際立ってくる。この著作は、アメリカのローズヴェルト大統領(一八八二―一九四五)が大恐慌の影響から脱するために実施した「ニューディール」政策を理論的に正当化する性格を持っており、ケインズ経済学の影響力は拡大した。しかしハイエクは、その頃には関心を市場における「知識」の利用の問題へとシフトさせていたこともあって、『一般理論』を直接的に批判することはなく、第二の論争は起こらなかった。ハイエクが「知識」の問題に取り組むようになったきっかけは、社会主義経済計算論争である。

社会主義経済計算論争は、一九二〇年代に、ハイエクの師に当たるオーストリア学派の経済学者ミーゼス(一八八一―一九七三)と、計画経済としての社会主義経済を擁護する学者とのあいだで始まった。論理実証主義(ウィーン学団)の創始者の一人である科学哲学者で、経済学者でもあるオットー・ノイラート(一八八二―一九四五)が、貨幣や市場を使用しない計画経済の構想を打ち出したのに対し、ミーゼスは、計画経済では、人々の主観的欲求を客観化する価格メカニズムが働かないため、中央の計画当局が恣意的に生産量を決定することになり、非効率になり、破綻すると主張した。

それに対し、ポーランド出身のマルクス主義経済学者オスカル・ランゲ（一九〇四―六五）など、社会主義擁護の側から、社会主義経済でも、各企業体のあいだでの財の移転に際して、（中央当局の決めた暫定的な価格体系の下で）仮想の取引を行い、市場の動きをシミュレーションすることで需給のバランスに即した生産を行うことができるという反論が、三〇年代半ば以降出てきた。ミーゼスの側に立ってこの論争に参加したハイエクは、実際の自由な企業活動に基づく価格決定でないと、人々の実際のニーズに即した資源配分はできないことを指摘した。中央当局が、価格決定に必要な情報を全て収集したうえで、処理することは不可能だというのである。

この論争を通してハイエクは、市場での価格というシグナルを通して、人々がその商品に関連するさまざまな「知識」を共同で利用していることに注目するようになった。商品の価値は、地域や時期によるニーズの違い、生産に必要な技術や人材、財の希少性、輸送手段などさまざまな要因によって決まるが、一つの商品についてでさえ、すべての情報を把握している人はほとんどいない。実際、各人がすべてを知ったうえで取引することなどできない。しかし、市場で価格メカニズムが働いていることによって、人々はすべてを知らなくても、その商品の適正な価格を知ることができる。つまり価格メカニズムを介して、我々は不特定多数の他人の「知識」を利用しているわけである。ハイエクはこれを、アダム・スミス以来の経済学の前提になっていた「労働の分業 division of labour」との対比で、「知識の分業 division of knowledge」と呼ぶ。

工場の生産ラインのような、ある程度可視化されている「労働の分業」と違って、市場に参加している不特定多数の人による「知識の分業」は、数量や数式によって経済現象を分析する通常の経済学の手法では扱いにくい。ハイエクは三〇年代後半から四〇年代半ばにかけて、さまざまなライフスタイルや技術、知識、目的を有する不特定多数の人々から成る「大きな社会」の存続を可能にする「知識の分業」の問題に取り組むようになる。それは、狭義の経済学を離れ、社会科学の基礎理論へと仕事の重点を移すことを含意していた。

それと並行してハイエクは、「知識の分業」と表裏一体の問題である、中央での計画・管理を合理的と見て理想化する思想の系譜を批判的にたどる仕事にも取りかかった。その成果をまとめたものが、第二次大戦後に刊行された、『科学による反革命』（一九五二）である。

この著作でハイエクは、自然科学・工学の発想を社会や歴史の分析にそのまま適用しようとした、一八世紀のフランスの啓蒙主義・革命思想や、その申し子である一九世紀の「実証主義 positivism」が、社会・経済を中央でコントロールしようとする集団＝集産主義（collectivism）——後にハイエクはこれを設計主義（constructivism）と呼ぶようになる——の母体になったという見方を示している。自然科学の法則はいつでもどこでも同一なので、一度一つの法則を発見すれば、同じ性質を有するすべての対象や状態の分析に適用できるし、その法則を発明に応用することができる。たとえば、電気に関する法則を発見すれば、それを、電気関連の機械の発明や改良に応用できる。それに対して、不特定複数の人間の相互作用から成る社会や歴史の動きは、不動の普遍的法則によって規定されているわけではなく、不確定要因が多い。にもかかわらず、数学者でもあったフランス革命の指導者コンドルセ（一七四三—九四）のような（理工系の）啓蒙思想家たちは、社会の発展の普遍的法則を措定し、それに基づいて社会改造する計画を立てようとした。

フランス革命後も、そうした工学的な社会改造の思想は、自然科学の発展に後押しされ次第に強まっていった。ハイエクは、ユートピア主義的な初期社会主義として知られるサン＝シモン（一七六〇―一八二五）と、その弟子で、「社会学」の創始者とされるコント（一七九八―一八五七）に注目する。サン＝シモンは、科学者、技師、産業家などを核とする政治機構の設置と、その管理の下での社会全体の生産体制の組織化を提言している。コントは、物理学や化学等の自然科学の各分野で確立されている実証性の基準を、社会科学にも導入しようとした。それが「実証主義」が意味するところである。コントは、実証主義的方法論に基づいて、社会の発展の普遍的法則を定式化することを試みた。

ハイエクは、サン＝シモンやコントの思想が一九世紀の社会科学に浸透したことによって、エリートの立てる合理的計画に従って社会・経済を管理することが科学的であり、かつ人類の発展、ユートピアの実現に貢献することであると見なす設計主義的な社会主義が形成されたと見る。ハイエクは、社会を発展させるのは、少数のエリートによる合理的計画ではなく、「市場」のように不特定多数の人たちの行為の連関から生じてくる、匿名的な秩序であるという「ヒューム―スミス―バーク」的な考えに到り、この考えを現代的に再定式化しようとするようになる。

「隷属への道」からの離脱

ハイエクが反社会主義の社会評論家として世界的に知られるようになったきっかけは、第二次大戦中に書かれた『隷属への道』（一九四四）である。この著作の特徴は、英米にとって当面の敵であるナチズムだけでなく、対ナチスで同盟関係にあったソ連に代表される社会主義を俎上に載せ、徹底的に批判していることにある。むしろ、後者に対する批判により力を入れている。

ハイエクが両者の共通点として想定しているのは、集産主義的な考え方である。彼の見方では、ナチズムの本質は、英米的な自由主義経済の浸透によって、社会の伝統や慣習、郷土愛などが破壊されることに脅威を覚え、共同体をベースにして経済成長を図ろうとする、ドイツ的な思考である。

英米系の自由主義は、市場を中心にした個人の自由な活動が、社会を発展させると考える。それは、英米における市場経済の発展に対応した考え方である。しかし、国家の統一と経済の近代化が遅れたドイツでは、政府主導の上からの改革によって経済が発展した。そうした現実に対応して、「国民」ごとに異なった経済発展の道筋があり、ドイツはドイツらしい発展の道筋を行くべきだとする、「歴史学派」がドイツ語圏の経済思想として影響力を持つようになった。

「歴史学派」の先駆者と位置づけられているフリードリヒ・リスト（一七八九―一八四六）は、保護関税や農業の大規模化などによってドイツの国民経済を強化して、英国に対抗する戦略を提唱した。一八七〇年代には、後期の歴史学派の代表的論客であるグスタフ・シュモラー（一八三八―一九一七）が、自由放任主義に反対する立場から、社会福祉について研究することを目的とする社会政策学会を結成し、社会主義的な経済政策を提唱する。

同じくドイツ語圏で誕生した、マルクス主義的な労働・社会主義運動は、ドイツ・ナショナリズムとはイデオロギー的に対立する立場にあったが、ハイエクにしてみれば、労働者の理想の共同体（＝共産主義社会）を建設することによって、自由主義経済の抱えるさまざまな問題を解決しようとする発想は共通している。歴史学派にしろマルクス主義にしろ、「共同体」の経済体制全体を合理的に管理することが必要であり、かつ可能であることを前提に議論を進めようとする。ドイツ語圏で、マルクス主義から転向してナチズムを信奉するようになった経済学者や社会学者が少なくないことは、両者の同根性を示唆している。

自由主義が諸個人の価値観や生き方が多様であることを前提とし、国家は価値中立性を守るべきであるという立場を取るのに対し、集産主義は社会全体が共有すべき「完全な倫理的規範体系 a complete ethical code」を想定し、それに基づいて社会の「一般的福祉 general welfare」を目標に掲げ、実現しようとする。「完全な倫理的規範体系」が存在するとすれば、各人にとって何が幸福であるか一律に明らかであるし、個人間あるいは集団間で利害の対立が生じた場合、何を優先して解決すべきかも決まってくる。

それは一見理想的なように見えるが、裏を返せば、人々の価値観や行動パターンが画一化されていて、逸脱はあり得ないということである。画一化した倫理的規範体系は、本来、高度に発展した社会とは相容れない。そこに無理がある。

われわれの共通の道徳的規範体系を形づくっている様々なルールはどんどん少なくなり、かつより一般的な性格のものになってきている。原始時代には、人は毎日の行動のほとんどすべてを複雑な儀礼によって縛られていて、無数のタブーに制限され、仲間と違うやり方で何かをすることなど思いもつかなかったわけだが、文明の発展とともに道徳はある範囲だけを決めて、その中では人が好きなように行動できるものになっていった。改めてこのように考えれば、単一の経済計画を決定できるほどに包括的な共通の倫理的規範体系を採用することは、まったく歴史の逆転に他ならないことが明らかになるだろう。（西山千明訳『隷属への道』春秋社、二〇〇八年、七二頁：一部改訳）

ハイエクに言わせれば、一つの倫理的規範体系に基づいて統治されている社会を求める願望は、儀礼によって人々の一挙手一投足が規定されている原始的な部族社会に回帰しようとする退行願望である。市場での自由な交換関係によって発展している「大きな社会」（アダム・スミス）では、行動のルールはどんどん少なくなるとともに、質的にも、（同じ共同体に属していても）誰にでも理解でき、受けいれることができる「一般的」なものだけになっていくはずである。言い換えれば、大枠だけを決めて、各人の自由を大幅に許容するものになっていくのだ。

こうした比較を通してハイエクは、市場中心の「大きな社会」におけるルールとはどのような性質のものか、各行為主体をどのように拘束するのか、掘り下げて考えるようになる。「大きな社会」には、部族社会や集産主義社会のように、人々をがんじがらめに縛るルールはないが、ルールがないわけではない。交換をスムーズに進めるためのルールはきちんと備わっており、人々はそれに自発的に従っているはずである。そこを理解しないと、市場の拡大によって共同体的な規範が破壊され、無秩序が生じるので、ある程度まで市場経済が拡大すると、中央の統制が必要になるという考えが生じてくる。

戦後すぐに出された論文「真の個人主義と偽りの個人主義」(一九四六)でハイエクは、「市場」におけるルールの問題を論じている。タイトルに入っている「偽りの個人主義」とは、集団＝集産主義につながる可能性のある疑似個人主義である。ハイエクはその起源は、デカルトの哲学にあると見ている。

デカルトは、自らの周囲の世界を客観的に把握することができる、理性的な主体としての「私」の存在をすべての知の起点とした。デカルトは、人間が経験的知識に頼ることなく、自らの精神の働きだけで獲得できる幾何学や数学を確実な知の標準と見なし、幾何学や数学をモデルにして、すべての知を体系化することを提唱した。自然界の運動の多くは、実際、数学や幾何学をベースにした力学の法則によって、説明することができる。デカルトの影響を受けた思想家たちの中には、そうした数学・幾何学的な世界観を、社会の把握に応用することを試みるようになった者もいる。彼らは、あたかも一人の設計者によって設計されたかのように、一つの普遍的な論理によって構築されている社会こそが合理的であると考えた。それが、社会契約論や功利主義である。

こうしたデカルト主義的な考え方は、近代経済学にも入り込んでいる。市場の中で、自らの利益を最大化すべく、もっとも効率的・計画的に振る舞うことができる、「経済人 economic man」を前提にした理論は、デカルト的合理主義の産物である。「経済人」を経済学に導入したのは、アダム・スミスであると思われがちであるが、ハイエクに言わせれば、それは誤解である。スミスはむしろ、「真の個人主義」の系譜の要に位置する思想家である。

ハイエクの言う「真の個人主義」とは、単一の設計図によって社会を構築しようとするのではなく、人々の諸行為の意図せざる帰結として、自然発生的に生じて来る「制度 institution」を重視する考え方である。自由に経済活動している諸個人は、絶えず相互に働きかけ合い、必要に応じて協力し合っている。種々の協力の形態の内で、うまく行ったものは、慣習的に定着し、「制度」として確立されることになる。ヒューム、スミス、そして、近代の「市民社会」に至るまでの文明の歴史を論じたファーガソン（一七二三―一八一六）等のスコットランド啓蒙主義者や、バークがそうした考え方を発展させた。

スミスが想定する、市場の参加者は、合理的な行為主体ではなく、怠惰で軽率で浪費家である弱い個人である。しかし、そうした弱い個人であっても、「制度」の枠の中に入って行動することで、異なった目的を追求している他者とスムーズに協力し合うことができる。一人一人は、どうして「制度」がうまく機能するのか、そのメカニズムを合理的に理解する必要はない。「制度」に適合するように振る舞うことさえできれば、いいのである。

「真の個人主義」は、諸個人の自由な活動の連鎖の中から匿名的にできあがった「制度」を信用するので、各人の自由を尊重し続けることができる。「偽りの個人主義」は、一見、各人の内なる理性を信頼しているように見えるが、設計図に基づかないで出来上がった「制度」を不規則的で非合理的だと見なすので、設計図に基づいて社会を再構築し、人々の行動規範を画一化しようとする。結局、後者は、個人の自由な振る舞いを許容できなくなってしまうのである。

このようにしてハイエクは、人々の行為を枠づける、匿名的な「制度」が、「自由」を可能にするという逆説を発見したのである。

メタ・ルールとしての「憲法」

ハイエクの政治哲学者としてのスタンスを体系的に表明した著作が、『自由の条件 The Constitution of Liberty』（一九六〇）である——このタイトルは、「自由の憲法」とも訳すことができる。この著作で彼は、個人の「自由」を可能にする政治制度の条件について総合的に論じている。

この著作でハイエクが問題にしている「自由」は、自然状態における動物としての自由でも、物理的因果法則の作用に支配されることなく心の中で自分の意志を決定できるという意味での内面の自由でもなく、他の人間たちと共に社会の中で暮らしている個々の人間にとっての自由である。それは、その個人が、他者からの「強制 coercion」を受けていないという意味での「自由」であって、公的権力に参加することを意味する政治的自由とか、自分の望んでいることを実行することができる（権）力といった意味は含んでいない。政府の本来の役割は、こうした意味での諸個人の「自由」を保障する体制を構築し、守っていくことであって、社会や経済を特定の方向へと改造することではない。

ハイエクは、自由な政治体制を維持するための法的枠組みとして、アメリカの「憲法」を取り上げている。彼がアメリカの憲法に注目するのは、それが「法の支配 rule of law」の探求の歴史から生まれてきたからである。「法の支配」とは、「法」に基づいて各人を平等に扱い、各々の自由や権利を保護する統治体制である。「法の支配」が確立していることが、「自由」のもっとも重要な条件である。

アメリカの旧宗主国である英国は、政府の権力行使に制約をかける枠組みとしての憲法と、議会制民主主義の発祥の地である――英国には、一つの文章にまとめられた憲法典はないが、国家の性格を規定する基本的な法令や判例などの集合体が「憲法」と呼ばれている。英国の憲法の出発点とされる一三世紀のマグナ・カルタは、王が租税や刑罰などに関して恣意的な権力を行使しないよう、王と貴族や教会のあいだで結ばれた協約であった。一七世紀以降、市民たちの力が強まり、議会を介して、王に対してさまざまな要求を突きつけ、譲歩を獲得するようになると、憲法は、市民的諸権利を保護する根源的規約としての性格を強めて行った。議会で制定された法に基づかない統治は、人身保護法や権利章典などの憲法規範に反していると見なされるようになった。

しかしハイエクは、立法府としての議会に力が集中しすぎた結果、議会が決めたことは何でも〝法〟であると見なす傾向が生じてきたことを問題視する。その端的な現われが、一九世紀の英国で有力な思想になった、功利主義である。ベンサムは、快楽計算に基づいて、「最大多数の最大幸福」を実現することを立法の唯一の目的として掲げ、その目的実現のための無制限の権力を議会に与えるべきだと主張するに至った。功利性の原理に適合しないように見える、慣習的な法規範を徹底的に排除し、科学的な法体系に置き換えようとした。ハイエクにしてみれば、それは

「人民」の名の下に、「法の支配」を破壊する、危険な考え方である。そもそも、人々の幸福＝目的は異なるのに、単一の「幸福」基準を設定しようとする発想自体がナンセンスである。「法」は、人々がお互いに危害を加えない限り、多様な生き方を保障するものであるはずだ。

議会制民主主義に慣れている現代人は、（人民の代表から構成される）議会での立法手続きを経て制定された法に従って統治がなされることを、「法の支配」と考えがちだが、それだと、議会で多数派を取りさえすれば、いかなる〝法〟を作ってもいいということになる。一部の人の基本的な自由を侵害することを正当化する、〝法〟が制定されるかもしれない。それでは、「法の支配」ではなく、議会を構成する多数派の支配である。当該の社会の中で長い年月をかけて形成され、一般的な原則として広く認められるようになった「法」の理念によって、政府の恣意的な権力行為を抑止し、市民の自由を守るのが、ハイエクが拘る「法の支配」である。

英国で「法の支配」が変質していく一方で、英国から独立したアメリカでは「憲法」を核とする「法の支配」が次第に確立していった。ハイエクは、アメリカの憲法史の出発点として、一七六六年に英国の議会が、同議会はあらゆる場合に植民地を拘束することのできる立法権を有すると宣言する「宣言法 Declaratory Act」を制定したことに注目する。これは、植民地に対して税を始めとする各種の負担を課す立法権が、英国議会にあることを確認することを意図したものである。これに対して、マサチューセッツやヴァージニア等の植民地の指導者たちは、この法律はマグナ・カルタ以来の英国の憲法に対する裏切りであり、これまでの自由のために闘ってきた先祖の努力を無に帰すものであるとして断固反対する見解を表明した。通常のアメリカの独立運動史では、植民地の指導者たちが「代表なくして課税なし」というスローガンを掲げたことが原点として強調される傾向があるが、ハイエクにとってはむしろ、指導者たちが、英国の憲法的伝統の本質（＝法の支配）を理解し、そこから逸脱しつつある本国政府の誤りを指摘していることの方が重要である。

独立に伴って制定されたアメリカの憲法には、英国の憲法から継承した「法の支配」の理念が反映されている。議会における通常の立法を、自然法、あるいは理性の法等と呼ばれる、「高次の法 higher law」によって規制することで、立法がその本来の目的から逸脱しないようにすべきであるという考え方は、一八世紀にはかなり一般化していたが、その「高次の法」を、憲法典として最初に成文化したのが、アメリカである。裁判官が判決を下すに際して、法律などの一般的規則に依拠する必要があるのとパラレルに、立法府は立法に際して、一般的原則としての憲法に依拠する必要があるわけである。

一国の「憲法」を制定するということは、一見すると、国家の基本骨格をゼロから構築する設計主義的な行為のようにも思えるが、ハイエクは少なくとも、アメリカ憲法についてはむしろその逆である、と見ている。アメリカ憲法によって表示されている「高次の法」は、人類が目指すべき、積極的あるいは究極的な理想のようなものではない。あくまでも、政府による統治が、その本来の目的に反して、個人の自由を侵害しないようその限界を指し示すものにすぎない。また、その限界は、何らかの普遍的法則によって決まるものではなく、その社会の中で、さまざまな慣習や伝統と共に生きてきた人々のあいだに形成される「共通の信念 common beliefs」によって決まってくる。

ハイエクがアメリカの憲法の特徴として注目しているのは、第一に、連邦制という形で、中央政府と州政府の権限と相互の関係を明確にすることによって、それぞれの政府が恣意的な権力行使をするのを抑止している点である。第二には、立法に対する司法審査制が発展したことである。合衆国憲法自体の中には、司法審査制について明記されていないが、一九世紀初頭に連邦最高裁判所が、憲法に違反する制定法は無効であるとの判決を出して以降、アメリカの立憲体制の一部と見なされるようになった。

ハイエクは、アメリカの憲法が、権力、特に立法権を制限する仕組みを整えていったことを高く評価するが、アメリカの憲法典を他国が模倣すべきだと主張しているわけではない。重要なのは、「共通の信念」が、制定法を縛る「メタ法的原則 meta-legal doctrine」として効力を持つようにする、制度的保障があることである。憲法典の構成や条文の書き方が問題なのではない。憲法は、立法過程を「共通の信念」と適合させるための媒体であって、それ自体に絶対的価値があるわけではない。

現代の憲法論では、憲法典で明示されている基本的諸権利の保護が、憲法の最重要機能と見なされることが多いが、憲法典の具体的な規定よりも、「法」を制約するメタ法的規則を重視するハイエクは、そうした見方とは一線を画している。そうした見方をしてしまうと、憲法典に明記されていない――慣習として確立されている――〝権利〟が軽視されたり、憲法典に書きさえすれば、普遍的権利になるかのような幻想が生じて来るからである。「憲法」は、その社会にすでに存在する「共通の信念」を部分的に成文化したものにすぎない。

明文化されておらず、人によって解釈の幅がかなり大きい「共通の信念」なるものが、憲法を拘束しているというのは、少し奇妙に感じられるかもしれない。いつどこで誰が制定したか分からないものが、憲法より上位にあるというのは、「法の支配」に反しているのではないかとさえ思われる。しかし、国会で制定された法や、裁判を通して形成された判例法のような実定法と、それらの法の正統性の源泉になっている伝統や慣習を連続的にとらえるハイエクの「法＝ルール」観からすれば、「共通の信念」が憲法の上位にあることは矛盾ではない。

ハイエクが「法」の基礎にあるものとして重視する「ルール」には、道徳や掟のようにその共同体の構成員が意識的に従っている行動指針だけでなく、各人が無意識的に従っているルール、つまり、「私」の心の動きあるいは行為の規則・法則性や傾向性のようなものも含まれる。生物としての人間に生得的に備わっているルールもある。そうしたさまざまなレベルのルールが多層的に作用することで、異なった目的を追求する人たちが、「大きな社会」の中で共存できるのである。

それを補完する装置として政府や法が生まれてきたのであり、それらが本来の役割からずれないように規制するのが、「憲法」である。そうした「憲法」観の下に形成されたアメリカの立憲主義は、ハイエクの言う意味での「法の支配」に忠実であり続けた。大恐慌後のニューディールの時期に、フランクリン・ローズヴェルトの政権が、国民の圧倒的支持を背景に、復興政策のために大統領の権限を強化する全国産業復興法を議会で成立させたが、連邦最高裁はそれに対して違憲判決を出すなどして、政府に無制限の権力を与えることを阻止した。その時々の短期的目標を追求する政府の行動を、「一般的原則」によって拘束する「法の支配」の伝統が確立しており、そして、それによって「個人の自由」が守られていることをハイエクはきわめて高く評価している。

それに対して、フランス革命の〝立憲主義〟では、「人及び市民の権利宣言」（一七八九）で個人の権利の保障と権力分立がうたわれていたにもかかわらず、民主主義が徹底されれば、権力分立は自動的に達成されるという考えが強かったため、権力を効果的に抑止する立憲体制はできあがらなかった。トクヴィルが指摘していたように、革命後は、行政機構の権限が大きくなり、その権力の恣意的行使から個人の自由を守るための仕組みは不十分なままだった。

アメリカ独立戦争とフランス革命は、自由民主主義の二大源泉と見なされることが多いが、「法の支配」という視点から見た場合、大きな違いがあったのである。

「進化」と「ルール」

『自由の条件』の中の、英国的伝統とフランス的伝統の違いを論じる文脈でハイエクは、前者を「進化 evolution」概念と結びつけて論じている。人間相互の関係を制御する複雑な制度もしくは秩序は、設計によるのではなく、人々のさまざまな行為の連鎖の中から自生的・無意識的に形成されてくるという前提に立って、「個人の自由」を尊重するのが、英国的な伝統の発想である。ハイエクは、この自生的・無意識的な形成の過程を、「適応的進化 adaptive evolution」と呼んでいる。

「進化」という言葉からすぐに思い浮かんでくるのは、ダーウィンの生物学的進化論や、それとほぼ同時期に登場したスペンサーの社会的進化論である。スペンサーは、経済政策的には自由放任主義を擁護したが、コントの実証主義の影響を受け、社会進化の最終ゴールを予見することが可能であるかのような議論もしている。ハイエクは、スペンサーを古典派経済学の発展に寄与した点は肯定的に評価する一方で、デカルト的合理主義の発想を英国的な伝統に混入させた点は否定的に評価している。

ハイエクによると、社会的進化という考え方は元々、英国的な「自由主義―個人主義」の伝統の中で生まれたものであり、ダーウィンはその影響の下で自らの「進化論」を発展させた。ハイエクは、進化論の先駆者として、一八世紀のスコットランドの哲学者・法学者であるジェイムズ・バーネット・モンボド（一七一四―九九）を挙げている。言語の発展の研究に取り組んでいたモンボドは、霊長類から原始の人間へと言語能力が進化し続け、それに伴って発声器官も変化していることを指摘し、それを環境への適応という視点から説明している。また、農学者でもあった彼は自らが馬を育てた経験から、交配する相手の選択を重ねることによって子孫の質が次第に改善されていくことを示唆している。これは後の生物学的進化論における適者生存の法則の原型と見ることもできる。

一八世紀末から一九世紀初頭にかけて台頭した言語学や法学における「歴史学派」は、そうしたモンボドの考え方を応用し、言語や法の発展の歴史的過程を探求するようになった。そうした見方が、一九世紀半ばにダーウィン等によって生物学に導入され、飛躍的な成果をもたらし、生物学から、スペンサー等を経由して社会の研究へと逆輸入されるようになったわけである。ただし、全く同じものがそのままの形で逆輸入されたということではない。スペンサー以降の社会的な「進化」の概念は——ハイエクから見て——好ましくない方向に変質していた。

残念なことには、後になって社会科学は自らの領域でこれらの最初の成果にもとづかずに生物学から考え方のいくつかを逆輸入して、「自然選択」、「生存競争」、および「適者生存」などのような概念をもちこんだが、それは社会科学の領域では適切なものではない。というのは、社会的進化における決定的な要素は個人の物理的そして遺伝的な属性の淘汰ではなく、成功している制度や習慣の模倣による淘汰であるからである。これも個人や集団の成功を通して作用するけれども、あらわれてくるものは個人の遺伝的な属性ではなく、考え方と技術、要するに学習と模倣によって伝えられる文化遺産全体なのである。（気賀健三・古賀勝次郎訳『自由の条件〔I〕』春秋社、二〇〇七年、八六頁）

社会的進化の主要な要因は、諸個人の遺伝学的な属性ではなく、制度や習慣の継承である。経験によってうまく機能し、繁栄をもたらすことが実証された制度や習慣だけが生き残り、みんながそれを身につけることで、その社会は発展していく。諸個人の心身の能力が向上せず、元のままでも、制度や慣習のおかげでより適切に行為できるようになるのである。バジョットも「慣習」を通しての「進化」という視点を打ち出していたが、生物学的進化との違いを強調している分、ハイエクの議論の方が、個人の能力や資質を超えた「慣習」や「制度」の作用がより鮮明になっている。

六〇年代半ばから七〇年代にかけてハイエクは、「進化」と「自由」というテーマに取り組むことになる。論文「医学博士バーナード・マンデヴィル」（一九六七）では、「古典派経済学―真の個人主義」の先駆者であるマンデヴィルの思想を再考する形で、「進化」概念を、特に「法」や「ルール」との関連でより厳密に概念規定することが試みられている。

オランダ生まれのイギリスの医師・哲学者であるマンデヴィル（一六七〇―一七三三）は一般的には、悪徳が公益を促進するという逆説を指摘し、自由放任主義を称揚したことで知られているが、ハイエクに言わせれば、彼の功績はむしろ、法、道徳、言語、市場、貨幣、技術的知識といった、社会的構造を支えているものが自生的に成長していく範例を示したことにある。個人が利己的に振る舞うことがストレートに社会の繁栄につながるのではなく、そこに制度的要因が入ってくるわけである。

ハイエクによれば、マンデヴィルは、古代ギリシア以来二千年にわたって西欧人の思考を支配してきた事物の二分法から脱出する道を示した。その二分法とは、「自然的事物 physei」と「人為的事物 thesmoi」の二分法である。どうしてこの二分法が問題なのかというと、この世界に「自然的秩序」と、「人為的秩序」のいずれか二つの秩序しかないとすれば、自然界の法則によって出来上がった秩序でないものは、人為的設計による秩序でしかあり得ない。人間の社会を維持するための仕組みが——動物の群れの秩序のように——自然と出来あがらないとすれば、無秩序を避けるには誰かがそれを設計しなければならない、ということになる。そうなると、諸個人の自由を尊重する「真の個人主義」の立場を貫くのは難しくなり、（自然科学の法則を模倣する形で）社会的秩序を設計しようとするデカルト的合理主義に従わざるを得なくなる。

そうしたデカルト的合理主義の罠を回避するには、「人間の行為の結果ではないが設計の結果とはいえない秩序」（ファーガソン）が現に存在することを、まず明らかにしたうえで、その秩序が、諸個人の自由な行為の連関から自生的に生成し、かつ「進化」し続けていることを示さねばならない。ハイエクは、第三の秩序としての「自生的秩序 spontaneous order」の存在を開示するうえで先駆的な仕事をしたのが、マンデヴィルだったと見る。

マンデヴィルは、何世代にもわたる人々の経験と観察の帰結として制度が生成し、進化するという前提で考えていたが、その進化において「法」が中心的役割を果たしていることに注目した。諸個人は、進化の過程で生まれてきた「正しい振る舞いの一般的ルール general rules of just conduct」としての「法」に従うことによって、自らの私的利益の追求に専念しながらも、社会全体の公益とも合致する適切な行為へと導かれる。政府の役割は、諸個人に命令し、公共の秩序の維持に強制的に協力させることではなく、賢明な法の枠組みを創出することによって、ゲームのルールを確立することである。無論、それはあくまでも進化の過程で生まれてきたルールを「法」として明文化するということであって、政府自体が目標設定し、それに適合する「ルール—法」の体系を構築することではない。マンデヴィルは、政府の恣意的な権力行使、経済活動への干渉の余地を出来る限り縮小し、それに代わって、「一般的なルール」の下での人々の取引を活性化させれば、社会全体の富が増大すると考えた。

　これより少し前に書かれた論文「デイヴィド・ヒュームの法哲学と政治哲学」（一九六四）でハイエクは、「黙約」から「正義」を導き出すヒュームの論法を、「進化」の観点から読み直している。ヒュームにとって、道徳的信念は、生得的という意味で自然ではなく、人間の理性による発明でもなく、文化的進化（cultural evolution）の所産である。その進化の過程において、人々の努力をより効果的に実現すると判明したルールだけが生き残り、効果的でないと分かったものは排除される。そうした取捨選択に際して、人々のあいだでわざわざ約束が交わされるわけではない。黙約の形で、採用されるものと排除されるものが徐々に分かれてくる。

「ルール」が採用され、伝承されていくのは、それらに「効用」があることが明らかになるからだが、その「効用」は当該の「ルール」が人々に遵守されるようになる以前から予見されているわけではない。はっきりと意識しないでその「ルール」に何となく従いながら生活し、それを〝破る〟と不都合が起こることを経験する内に、自分たちの「ルール」の「効用」に気づき、事後的にそれを定式化するようになる。

　人々が事前にその「ルール」の「効用」をはっきり知ることができないことが、すぐれた「ルール」の条件である。これは一見、逆説のように聞こえるが、「ルール」の「効用」を正確に予見できたとしたら、どうなるか考えれば、理解しやすくなる。もし、どういう「ルール」がどういう効用をもたらすか予め分かっているとすれば、自分たちの特定の利益を実現するためにある特定のルールを採用しようとする人が出てくると考えられる。当然、それとは別の利害関係がある人は別のルールを採用すべきだと主張するだろう。そうなると、公正なルールを選びようがない。

ヒューム＝ハイエクの「ルール」観においては、誰にとってどういう種類の利点があるのか具体的に予見することができず、その意味で、ゲームの公正さ、非党派性を保てるような性質を有することが、効用性の高い「ルール」の条件である。それは、人々の一挙手一投足を縛るようなルールではなく、異なった価値観を持つ人たちが交換に際して共有できる、相互の所有権の保障や契約の遵守などに関する「一般的なルール」である。

ヒュームのさらなる関心は、主に、同一の「正義の一般的かつ不変のルール」の普遍的な適用のみが、一般的秩序の成立を保証するということ、さらに、もし秩序が結果として存在すべきであるならば、適用の指針となるのはルールの普遍的な適用だけであり、特定の目的や結果ではないということを示すことである。個人や社会の特定の目的にたいする関心や、特定の個人の価値にたいする考慮は、一般的秩序を成立させるという目的を損なってしまうであろう。こうした主張は、人間は浅慮で、遠い先の利益よりも目先の利益を選ぶ性向があり、さらに結果のいかんにかかわらず個々の事例に適用される一般的かつ不変のルールに拘束されないかぎり、真の長期的利益を適切に評価してそれに従って導かれることはできない、というヒュームの信念と密接に結びついている。（八木紀一郎・中山智香子・太子堂正称・吉野裕介訳『ハイエク全

集第Ⅱ期第七巻　思想史論集』春秋社、二〇〇九年、八七―八八頁）

カタラクシーと抽象的ルール

ハイエクは、進化した「振る舞いのルール」のおかげで、人々が自分の知らない知識を活用することによって自生的に形成される市場の秩序を、「カタラクシー catallaxy」と呼んでいる。「カタラクシー」というのは、ギリシア語の動詞〈katallattein〉からハイエクが作り出した造語である。〈katallattein〉は、「交換する」の他、「コミュニティに入る」「敵から味方に変わる＝和解する」といった意味を持つ。

ハイエクが、「カタラクシー」という新しい言葉を必要としたのは、「経済 economy」という言葉では、「自生的秩序」としての市場の秩序の特徴をうまく表現できないからである。「経済」の語源は、ギリシア語の〈oikonomia〉であるが、これの原義は「家 oikos」を運営する術、「家政術（学）」あるいは「家計」である。その原義を引き継いでいる〈economy〉はしばしば、個人、家、企業などが、一定の目的の実現に向け、手持ちのさまざまな手段を計画的に利用することを指す。「社会主義経済」という時の「経済」にも、そういうニュアンスがある。つまり、社会全体が一つの単位となって、目的実現のために各種の資源を計画的に利用しているものと見立てられるわけである。

ハイエクに言わせれば、市場秩序は、そうした意味での「経済」をそれぞれ営んでいる諸個人や家族、企業体がルールに従いながら振る舞うことの帰結として、自生的に形成されるものではあるが、それ自体は「経済」ではない。「市場」が一つの目的の実現に向けて計画を立て、その実現に向けて各人に指示を与えるわけではない。さまざまな目的と計画を持った社会の構成員たちの諸「経済」が、相互調整されることによってもたらされるのが、市場秩序である。

ハイエクの師であるミーゼスも、主著『ヒューマン・アクション』(一九四九)で、貨幣価格と経済計算が存在するシステムとしての市場における「交換」関係を分析する学、狭義の「経済学」を意味する言葉として「カタラクティクス catallactics」という言葉を使っている。ただし、ミーゼスは、各人が自分にとってもっとも効率的な選択によって自己の欲求充足を最大化しようと――市場での価格の動向を見ながら――模索する諸個人(=合理的経済人)のあいだで「交換」が行われる、という新古典派的な前提で「交換」を論じている。個人の計算的な「理性」を基準に考えていたわけである。それに対してハイエクは、各人に合理的行為をする能力があるから、「交換」をめぐる秩序が形成されるとは考えない。長い進化の過程で生成し、集合的英知を凝縮している「ルール」に即して各人が意識的・無意識的に行為するから、各個人や集団の「エコノミー」が相互に調整され、「秩序」が形成されるのである。ハイエクの「カタラクシー」は、個人の「理性」ではなく、非人格的な「ルール」に基づく自生的秩序なのである。

ハイエクによれば、「カタラクシー」が発達していることは、「大きな社会」の条件である。何故なら、「大きな社会」とは、単に人口規模が大きいだけでなく、異なった目的、価値を追求する人々が生きる「開かれた社会」でもあり、そこに生きる人々が単一の「エコノミー」の下で統一行動を取ることはあり得ないからである。一つの「エコノミー」の下で部族的共同体が統一行動を取る「小さな社会」とは違って、「大きな社会」では、違った目的を追求している人たちが——たとえ感情的な絆のようなものがなくても——「交換」を通して相互に利益を得られるように調整する「ルール」が必要になる。人々がその社会の中での利害関係の全体的連関を把握していなくても、「交換」に際して「ルール」に従うことで、各自の目的追求・計画遂行（エコノミー）にとってプラスになる振る舞いへと〝自然と〟誘導される仕組みが、「カタラクシー」なのである。後期の著作『法と立法と自由』第Ⅱ巻（一九七六）で、以下のように述べている。

具体的な共通目的を欠くところでのそのような平和的共同行為を可能にした決定的段階は、物々交換または交易の採用であった。それは、さまざまな人間は同じ物について違った用途をもっていて、二人の個人が相手のもっているものを入手して代りに相手が必要とするものを与えるとすれば、それぞれに利益を得られることが多いという単純な認識であった。このことをもたらすために必要なことは、各人に属するものと、その所有物をどうしたら同意のうえで移転できるかということを定めるルールが承認されることであった。当事者たちは、この取引が貢献する目的について合意する必要はないのである。取引の各当事者の異なる独立した目的に貢献し、かくて異なる目的のための手段として当事者たちを助けるというのが、そうした交換行為の特徴である。それどころか、かれらのニーズが違っていればいるほど、交換から大きな利益を受けると思われる。組織の内部では構成員が同じ目的をめざしてなされる程度でしか相互に助けあわないが、カタラクシーでは、相手を気づかったり知ることさえなしに、他者の

ニーズに貢献するように仕向けられる。（篠塚慎吾訳『法と立法と自由［Ⅱ］』春秋社、二〇〇八年、一五二頁：一部改訳）

ここでハイエクが強調していることは、交換に関する一般論にすぎないように思えるが、注意すべきは、交換の両当事者が、単に異なるニーズ（欲求）や価値（観）、選好を持っているだけでなく、異なる目的（purpose）を追求していることを強調している点である。異なった、相互に独立の「目的」を追求している二人の個人のあいだには、基本的に接点はなく、協力して何かを成そうとするインセンティヴは働かず、そこからは、いかなる共同性も生まれて来ないはずである。にもかかわらず、進化した「ルール」の下で交換することによって、双方がそれぞれの「目的」を変更することなく、間接的にお互いの利益の増進に貢献することができる。むしろ、お互いの目的がより異質であり、それゆえ異なった知識や経験を蓄積している方が、そうした知恵が、それぞれが交換しようとしている物に反映していて、交換によって得られる利益がより大きくなると考えられる。いずれの側にも偏しておらず、特定の方向に誘導することのない、一般的かつ抽象的な性質の「ルール」があることによって、各人は安心して、共通目的がない相手と取引できるのである。

異なった目的を持つ者たちの利害がいずれもプラスに向かうよう、一般的かつ抽象的な「ルール」が仲介する「カタラクシー」のメカニズムが機能していることによって、「大きな社会」では、個人の「自由」が保障される。他人に強制・干渉されることなく、自分固有の目的を追求する「自由」である。だからこそハイエクは、「カタラクシー」を〝省略〟し、すべての人を一つのエコノミー体制に組み込み、強引に目的を共有させようとする、あるいは、共通目的が不可欠だと思わせようとする、集産主義あるいは設計主義的合理主義に徹底的に抵抗するのである。

カタラクシーは、それに従って行為する人たちが、利己的であるか利他的であるかに関係なく、さまざまな知識や目的を調和させる。各人の独自の目的追求が、一般的で抽象的なルールを介して、直接的に接点のない見知らぬ他者とのあいだで、お互いの知識を利用し、利益を増大させ合うような関係が――本人たちが必ずしも意識しない内に――生み出されるのが、カタラクシーであるから、そこでは、通常の意味での利己／利他性や、文字通りの意味での分業の有無は、本質的要因ではない。一般的で抽象的なルールは、個人的な人間関係とは関係なく機能するのである。

カタラクシーにおいては、人々のさまざまなニーズのあいだの単一的な順序づけ（single ordering of needs）は存在せず、したがって、市場が〝もっとも重要なニーズ〟を優先的に充足するかしないか、ということは問題にならない。これは、先に見たように、『隷属への道』の段階ですでに示唆されていた点である。市場を擁護しようとする自由主義的な経済学者はしばしば、各人のニーズに主観的なバラツキはあっても、同じ人間という生き物である以上ある程度の共通性はあるはずなので、何らかの集計作業によって、みんなの欲求充足度を測定することが可能であると想定し、その充足度、つまり市場の機能を測定しようとするが、それは、カタラクシーをエコノミーに読み替えることを含意している。

ハイエクに言わせれば、そうした議論は、循環論法的になっていて、意味をなさない。現行の市場のメカニズムによって、（人々の潜在的ニーズにほぼ対応する）適正な価格が現に実現されている、という前提に既に立ってしまっているからである。そういう前提がない限り、現行の価格を基準にし、人々のニーズの分布を推測する根拠はない。しかしよく考えてみると、個々の物の価格は、各人が自らのエコノミーの追求と交換のために利用できる——市場を通じて配分される——所得によって左右されるので、現在の市場での需要が、人々の〝自然なニーズ〟に本当に対応しているか分からない。市場での価格に合わせて、ニーズ自体が変容している可能性がある。

市場での交換を通して形成される価格が、人々のニーズに本当に対応しているか否か厳密に検証しようとすれば、価格とは異なる、第三項としての独立な尺度が必要になるはずだが、そのような尺度はどこにも見当たらない。

カタラクシーの中での交換によって、「小さな社会」の単一的なエコノミーに比べて人々のニーズの充足度が相対的に高くなることは確かだが、「大きな社会」では、人々が追求する目的が多様であるので、全体として欲求充足がどの程度達成されたか客観的に測定することはできない。統一的目的を設定して、無理に達成度を測定しようとすれば、資源の最適配分に向けて中央で制御する集産主義的なやり方や、政府による市場への介入を正当化することになりかねない。そうなると、非経済（非効率）的な目的が抑圧される恐れがある。カタラクシーの中には、経済的目的／非経済的目的の区別はなく、あらゆる目的が「交換」のネットワークの中で調整されるのである。

カタラクシーは、各人が自らの目的実現を追求するための最善の「機会 chance」を提供する抽象的秩序であって、（特定の視点から見ての）欲求充足の最大化＝最大多数の最大幸福を保障するものではないのである。

テシスとノモス

先に見たように、ハイエクは、伝統的な「自然的秩序」と「人為的秩序」の二分法に疑問を持ち、「人間の行為の結果ではないが設計の結果とはいえない秩序」としての「自生的秩序」に関心を向けた。

彼の法哲学的主著『法と立法と自由』（一九七三、七六、七九）では、このことを明確にするために、（自然法則に従って形成される自然界の秩序は別扱いにするという前提で）人間社会における秩序が、「タクシス taxis」と「コスモス cosmos」の二つに分類されている。「タクシス」の原義は、ギリシアにおける軍隊の編成単位、もしくは戦場での秩序であり、現代英語では、順序とか配列を意味する単語として使われている。ハイエクは、これを人工的秩序、指令的社会秩序、組織を指す言葉として用いる。「コスモス」の原義は、自然に成長してきた秩序であり、ハイエクはこれを「自生的秩序」の意味で用いている。カタラクシーは、後者に属する。

すでにカタラクシーに即して述べているように、社会における自生的秩序は、その秩序を構成する各個人が一定のルールに従って行為することの帰結として形成される。ただし、どのようなルールでもいいわけではない。たとえば、出会った相手をすべて殺せというルールに従っていたら、協調のための秩序などできない。進化の過程での淘汰を経由した諸ルールが、秩序を生み出すのに適したものであったからこそ、コスモスが成立するのである。

もう一つの秩序の類型である、タクシス＝組織（organization）にもルールはある。ただし、それは異なった性質のルールである。特定の目的を遂行するために組織され、上からの命令によって運営されるタクシスのルールは、命令を補完するものである。組織の中にいる人は、割り当てられた業務の範囲内で上位者からの命令によって行為するが、多くの場合、一挙手一投足にわたる細かい指示を与えられているわけではない。細かいことは、各人の知識と技能に基づく裁量に委ねられる。その際に、個人の裁量による行為が、組織の目的からずれないよう規制するルールが与えられる。会社や役所の中の業務規則がその典型である。

ハイエクは決してタクシスの存在意義を否定していないし、コスモスとタクシスが排他的な関係にあると考えているわけでもない。私たちの社会は、コスモスを構成する諸個人だけでなく、家族、農場、工場、企業、会社、各種団体、政府などの組織からも成り立っている。ほとんどの人は特定の目的を追求するために、複数の組織に入って活動している。そして、それらの組織の相互の利害関係も、個人相互の場合と同様に、進化の過程で生まれてきたルールによって調整され、包括的な自生的秩序へと統合されている。自由で複雑な社会は、二つの秩序の組み合わせによって成り立っている。

問題なのは、本来はコスモスであるものをタクシスと誤認し、組織の論理で、自生的秩序に手を加えようとする、設計主義的な誤解である。特に、組織としての「政府 government」と、自生的全体秩序（spontaneous overall order）としての「社会 society」の関係を考える際に、この誤解が生じやすい。「政府」は、「社会」を成り立たしめている諸ルールを人々に強制的に守らせ、人々が自らの目的を追求するために利用しているメカニズムを秩序ある状態に保つことを目的とする、特殊な「組織」である。「社会」を守ることを任務としているが、「社会」それ自体ではない。そこを間違えると、「政府」を合理的に組織化することを通して、「社会」自体を合理的に管理することができるという幻想が生まれてくる。

この点をさらに明確にするために、ハイエクは、二つの秩序にそれぞれ対応する二つの「法」概念を区別すべきことを提案する。近代人が「法 law」という同じ言葉で表現しているものには、じつは二つの異なった意味が含まれており、一方がコスモスと、もう一方がタクシスと親和性があるという。

コスモスに対応するのが、「ノモス nomos」もしくは「自由の法 the law of liberty」である。「ノモス」は、元来「法」を意味するギリシア語であるが、ハイエクはこの言葉をやはり独自の意味で用いている。「ノモス」は、従来の法学で、(議会などによる「制定法 statutory law」と区別する意味で)裁判官が作った法(judge-made law)と呼ばれてきたものに相当する。「裁判官が作った」と言うと、設計主義的なニュアンスを帯びた話のようにも聞こえるが、当然、裁判官は自分の判断だけでゼロからルールを作るわけではない。裁判官は紛争解決に当たって、既に人々が自覚的・無自覚的に遵守している――コスモスの形成に寄与している――「抽象的なルール」を発見し、それを表現するのに適した抽象的言語を見出すべく努力する。

ハイエクが、「法を作る裁判官」のモデルとして想定しているのは、政府の組織から相対的に自由な立場に立ち、人々の慣習の中から「法」を発見し、判例法を形成してきた英国のコモン・ローの裁判官である。先例に基づく判断を形成するコモン・ローの法理は一般性・抽象性が低いと思われがちだ。しかし、英国の王座主席判事で、英国法と裁判所制度の改革者として知られるマンスフィールド（一七〇五―九三）によれば、コモン・ローは「特定の事例ではなく、一般的諸原理から構成されるのであり、その一般的諸原理はこれらの事例によって例証され、説明される」。このマンスフィールドの言葉がコンパクトに表現しているように、自分たちを導いてくれる先例から新しい事例に適用可能な普遍的意義を有するルールを引き出すことが、コモン・ローの裁判官たちの重要な技法である。

ハイエクは、裁判官を、「自生的秩序の一制度」として位置づける。裁判官が、「法」を明文化し、かつそれを解釈したり、改良したりすることは、コスモスに反することではなく、むしろコスモスをさらに発展させる行為と見ることができる。

これに対して、タクシスに対応するのが「テシス thesis」、もしくは「立法の法 the law of legislation」である。「テシス」も元々ギリシア語で、「措定する（定める）こと」もしくは「措定された（定められた）もの」という意味である――英語になった〈thesis〉は、（論文などの）要旨、命題、テーゼといった意味で使われている。特定の誰かが何らかの目的を実現すべく、「措定する posit」（あるいは「定める set」）のが「テシス」である。ハイエクは「テシス」を、政治的権威を担う機関である「立法府」によって制定（措定）される〝法〟を指す言葉として使っている。

「ノモス」と「テシス」を区別したうえで、前者をより重視しようとするハイエクの議論は、制定法に対して判例法を優位に置く、英米法系の判例法主義の考え方を言い換えただけのように見えるかもしれないが、そうではない。通常の判例法主義、あるいはその逆の制定法主義では、判例法と制定法は必ずしも対立する関係にあるわけではなく、双方の足りない部分を補い合う関係にあると想定されている。それに対してハイエクは、ノモスとテシスはもともと異質のものだと明言する。

現代では、［立法府＝議会］と見なされることが多いが、近代議会制のモデルになった英国における議会の発展の歴史を見れば分かるように、議会は、政府という「組織＝タクシス」の制御と規制をするための機関であった。政府という組織が正しく振る舞うためのルールを作ることが、議会の本来の仕事である。「立法府 legislature」という名称は元々、（行）政府を「テシス」によってコントロールする権限をもつ代議制の機関としての議会に対する敬称として一七世紀以降使われるようになったにすぎなかった。議会制が成立する以前の時代の支配者たちも、国防その他の役務のための組織を形成し、その中で官僚や臣下たちが正しく振る舞うためのルールを――その社会の構成員すべてを拘束する一般的な振る舞いのルールとしての「ノモス」とは別個に――制定していた。

議会がその役割を拡張し、社会の急速な変化に対応してノモスを明文化したり、部分的に改訂したりするようになるにつれ、あたかもノモスもテシスと同様に、議会によって自在に作り出され、管理することが可能であるかのような錯覚が生じてきた。ノモスとテシスの区別は、通常の法学における私法／公法の区別にほぼ対応しているが、ハイエクの理解では、テシス＝公法は、政府の組織を統制するために人為的にできた〝法〟であって、自生的に形成された、「自由の法」であるノモス＝私法とは全く質的に異なる。

一般的に、〝法の法〟として理解されることもある、「憲法」もまた、「テシス」である。「憲法」は政府を組織するための基本法であるので、行政法や財政法を上位から統制するが、ノモスまでも支配しているわけではない。「憲法」は、（司法を含む）政府の行為が、「ノモス」を侵害しないよう抑制すべく、「ノモス」を前提として構成されるが、「憲法」自体が、「ノモス」を作り出したり、諸個人に権利や自由を付与するわけではない。

「テシス」寄りの「法」理解と、民主主義万能論が結びつくと、「社会的正義」の名目の下に、「ノモス」を無視して、その時々の多数派に都合のいい〝立法〟が行われるようになる。労働者の高賃金や小規模農家の高所得、都市貧民の住宅改善などを目的とする、「社会的立法」がそれに当たる。そうした立法は、ノモスの本質的な部分に干渉し、変容させることで、「社会的正義 social justice」を実現することを前提にしている。ハイエクにとって本来の「正義」は、人々が「正しい振る舞いのルール」に従って正しく振る舞っている状態＝コスモスを保持していくことであって、それ以上でも以下でもない。

『法と立法と自由』Ⅲ巻（一九七九）では、ノモスとテシスの混乱を避けるために、現在「議会」と呼ばれているものを、ノモスの修正のための「立法院 Legislative Assembly」と、（行）政府の仕事をテシスによって管理する「行政院 Governmental Assembly」に分けて、それぞれ別の原理によって運営することを提案している。集産主義＝設計主義と闘い続けたハイエクの思索は、最終的に、ルールの進化の中から生まれてきた「ノモス」こそが、「自由」を保障する「法」であることの再認識ということに帰結する。

終章　日本は何を保守するのか

英米、ドイツ、日本

ここまで、慣習的に形成される「制度」の重要性に注目する保守思想の系譜を見てきた。シュミット以外の五人は、英国からアメリカへと継承された、コモン・ローと結びついた――言い換えれば、アングロ・サクソン的――政治体制を基準に議論を展開した。英国とアメリカは、一八世紀後半以降の世界でもっとも繁栄し、自由民主主義のモデルになった国であり、政治体制の連続性も保たれていた。慣習から生じた制度がうまく機能した例として引き合いに出されるのは、当然である。

「独裁」「主権」「友／敵」等をめぐるシュミットの議論は、現代日本人の感覚からすれば、かなり物騒な感じがするが、それはかなりの部分、彼がドイツの思想家、しかもドイツでは少数派のカトリック系であったことに起因すると思われる。マグナ・カルタ以来の国家＝憲法体制を維持している英国と比べると、ドイツは国民国家として最初に統一されたのが、一八七一年とかなり遅い。しかも、二度の世界大戦によって大きく体制が変動した。第二次大戦の後には、二つの体制の異なる国家に分裂しさえした。ドイツ自体の中に安定した政治体制のモデルを求めるのは困難である。そのドイツの中でカトリックとして育ったシュミットは、カトリック教会の位階秩序による安定を理想とし、フランスやスペインのカトリック保守主義者を高く評価した。しかし、プロテスタント優位のドイツで、カトリック的な慣習に基づいて国家体制を再構築することなど不可能である。

そうした行き詰まりの中でシュミットは、〝正常な＝規範が通用している（normal）状態〟ではなく、「例外状態」から新たな秩序を生み出すための仕組みについて思想史・法制史的な考察を重ねたわけである。ワイマール期の彼にとっての当面の具体的な「敵」は、ドイツが〝正常な状態〟に戻るのを妨げているように見えた、英米である。彼の思想が、英米的な自由主義を否定する方向に向かったのは、ある意味、当然であった。

ただし、第二次世界大戦後に刊行された『大地のノモス』になると、ヨーロッパ共通の秩序がかつては存在していたことを指摘し、国家間の慣習的な関係に支えられる「共同社会」としてのヨーロッパに注目したバークの立場に接近している。「ヨーロッパ」が、シュミットにとっての最後の拠り所だったのかもしれない。

このように考えてみると、日本の置かれている状況は、英米よりもドイツに近いことが分かる。西欧近代的な意味での国家体制が確立したのは明治維新後であるが、新しい国家は、（近代的な装いを施された）天皇制を除いて、それ以前の法・政治制度を明確な形で継承していない。武家時代に確立された全国あるいは地域ごとの統治の仕組みはいったん解消したうえで、西欧のモデルに従って、中央集権的な国家体制が形成された。

しかも、英国の［憲法―コモン・ロー］のように、原点となる契約や慣習法の基本原則を確認する形で、新たな制度が構築されていったのとは対照的に、日本では、政権が交代するたびに、統治の基本原則がいつの間にか変わっていることが多い。例えば、大宝律令、御成敗式目、武家諸法度、慶安御触書等が、それ以前の、あるいは同時代的に存在した他の法規範とどのような関係にあるのか、いつまで効力があったのか、その基本的な考え方は、他の基本法へと継承されたのか、といったことはきわめて曖昧なままである。

法規範の相互関係がはっきり認識され、体系化されるようになったのは、明治時代の中盤以降のことである。それ以降の歴史だけを素材として、安定をもたらす慣習的な制度について考えるのは困難である。加えて、第二次大戦の敗戦による断絶で、余計にそうした制度のモデルを見出しにくくなっている。このことは、丸山眞男（一九一四―九六）が、「日本の思想」の「無構造の伝統」と呼んでいる問題と関係しているように思われる。新旧の思想の対立・和解や、連続／断絶が意識化されることなく、いろんな思想が登場しては何となく消えていく、雑多な要素が未整理のまま混在している「日本の思想」の〝伝統〟とパラレルに、日本の法・政治制度も、本質的には、無構造的なのかもしれない。

さらに言えば、キリスト教的な「ヨーロッパ」という大きな共同体的秩序を共有していた西欧諸国に比べて、日本は東アジア諸国とのあいだに、それに匹敵するような共同体的関係を築いていない。中国との朝貢関係を中心とする漢字文化圏秩序らしきものが成立している時代もあったが、それが、バークの言う「共同社会」や、シュミットの言う「ヨーロッパ公法」のような明確な形を取って、各国の行動を制約する共通の認識枠組みにまで発展したことはなかった。少なくとも現段階では、具体的な政治秩序としての「東アジア共同体」を構想しても、ユートピア的理想論にとどまらざるを得ないだろう。

このように考える限り、日本において制度論的な保守主義の思想を展開するのは、かなり困難な状況にあるのは確かである。福田恆存（一九一二―九四）、三島由紀夫（一九二五―七〇）、江藤淳（一九三二―九九）など、日本の論壇で代表的な保守論客と見なされる人の多くが文学者であり、経済思想を本来の専門とする西部邁（一九三九―　）や佐伯啓思（一九四九―　）のような人たちも、制度よりも、日本人の精神の在り方を論じることに力を入れるのは、この困難と関係しているように思われる。天皇制を除いて守っていくべき制度がなかなか見当たらないので、精神論や文化論の形でしか、保守思想を展開しにくいわけである。だから、どうしても〝日本人の精神を蝕む、退廃的な風潮〟を糾弾するということになりがちである。憲法九条を中心とする防衛論議では、文学者を含めて、具体的な制度をめぐる議論が展開されるが、この論議は、保守の側が現行制度を解体し、〝新しいより合理的な制度〟の構築を目指すというねじれた構図になっている。

「細部」に見られる慣習の力

ただ、日本の法・政治を動かしている仕組みの細部に注目すれば、（明治以降の）日本社会の中で慣習的に形成され、安定的に機能している制度を見出すことができないわけではない。たとえば、日本国憲法自体には、国政における政党の役割に関する規定はない。公職選挙法、政治資金規正法、政党助成法などに、政党の要件に関する規定はあるが、政党は何のために存在するかについての積極的な規定はない。

にもかかわらず、立法府である国会の運営は、実質的に各政党の代表者による協議によって行われている。そして、多くの議員は自らの属する政党の中で、政策的ヴィジョンやその実現のための方法、有権者との関わり方等について習熟することになる。政党がそうした役割を果たさないと、政治はかなり混乱する――このことは、二〇〇九年の政権交替に際して明らかになった。バジョットが当時の英国の政党制について指摘したのと同様のことを、日本の政党制についても言うことができそうだ。このことは、日本の保守系論壇ではあまり重視されていないように見える。

英国と違うのは、官僚機構や各種団体と政党が強く結びついていることだろう。大きな政党、特に自民党は、党の内部に行政の各領域に対応する部会を設けており、それが各種団体や官僚機構と、内閣のあいだを仲介して、政策形成において重要な役割を果たしている。それは裏を返して言えば、特定の業界や官僚とのあいだに、利害関係が生じやすい、ということでもある。いわゆる、族議員の存在である。これは、ウェーバーやシュミットが二〇世紀の初頭に直面したのと類似の問題だと言える。

［官僚―団体―族議員］のつながりは、日本の政党政治の暗部として批判されることが多いが、

議会での審議の前に情報収集をして、論点を絞り込み、スムーズに物事を決めやすくしている面もある。バーク＝バジョット式の考え方をすれば、このつながりを完全に解体して、（政権時代の民主党がやったように）情報の流れを一元化しようとする前に、従来の制度を、より透明度が高く、不公正な利益配分につながらないようなものへと改善することを考えるべき、ということになるだろう。

憲法や法律で必ずしも明確に位置づけられていない団体、あるいは法律上で与えられているそれを超えた役割を担っている団体が、法や政治のシステムを機能させるうえで不可欠の役割を果たしている例は、数え切れないくらいある。医療における医師会や大学医学部の医局、地方自治における町内会、ジャーナリズムにおける記者クラブ、農業における農協などを、その役割が比較的よく知られている例として挙げることができるだろう。これらは、トクヴィルが重視した「中間権力」もしくは「中間団体」に相当する。トクヴィルが言うように、「中間団体」は一般的に、個人の自由な活動を制限し、既存の秩序や既得権益を保持しようとする性格がある反面、中央の権力に抗して当事者の権利や利益を守ったり、人材の育成に一定の役割を果たすこともある。

制度的保守主義の見地から注目すべきものとして、中間団体的な性格を持つ組織の存在のほかに、組織——法的に明確に位置づけられているもの、そうでないものの双方が含まれる——の内部、あるいは、組織相互の関係における慣習的な手続きがある。衆議院で内閣不信任案の採決を行えるのが会期中に原則一回だけになっているが、これは国会法で規定されていることではない。政治を安定させるために、議会運営の歴史の中で確立された慣習であると考えられる。裁判所によって形成される判例法も、当然のことながら、かなりの部分、裁判所内部の慣習的ルールによって規定されている。春の年度の変わり目に、経営者側と労働組合側が集中的に賃金交渉をする春闘は、現在ではかなり存在感が薄くなっているが、労使関係を安定化させるための日本独特の慣行だと見ることもできる。

このような慣習的な制度は至るところにあり、そのそれぞれに功罪があるわけだが、日本の〝保守主義〟には、トクヴィルやバジョットのように、社会を成り立たしめている慣習的な諸制度を具体的に観察し、それらがどのように機能しているのか、無駄のように見えたとしても何か別の役割を果たしているのではないか検討したうえで、今後どう生かしていくか考えようとする、問題提起はあまり見受けられない。（天皇制に関連する儀礼を除いて）細かいことに拘るのは、潔くないという発想があるのかもしれないが、それでは、慣習的な制度のよき部分を残していくべく闘うことはできないし、古い制度を壊して、〝合理的なもの〟に置き換えようとする設計主義（ハイエク）をきちんと批判することもできない。

近年は、戦後のアメリカ従属的な体制、〝アングロ・サクソン〟的な経済思想に反対する反米保守が台頭している。ＴＰＰ（環太平洋戦略的経済連携協定）は、日本経済の根幹を破壊して、搾取の対象にしようとするアメリカの陰謀だと断定する論調は、その典型である。しかし感情的な反米を掲げる前に、「アメリカ（アングロ・サクソン）的」とはそもそもどういうことであり、それに対する日本固有の慣習的なやり方の強さや弱さはどこにあるのか、制度論的にきちんと把握したうえで議論しないと、精神主義的な空論に堕すか、（右派同様に哲学的基盤をかなり喪失している）反米左派と区別がつかなくなるか、のいずれかに終わってしまうだろう。〝守るべきもの〟の実態を具体的に把握しないまま、〝巨大な敵〟と闘っているかのようなポーズだけ取り続ける思想は、いずれ消滅する。

「大学の自治」

ここで、「大学」という制度について少し立ち止まって考えてみよう。「大学」に拘るのは、大学教員である私が、「大学」に関係する制度的慣習を多少なりとも知っており、具体的な問題を指摘しやすいからである。

研究・教育機関として公共的性格も持っている、大学は中間団体の一種である。大学の組織運営もかなり慣習的に制度化されている。小中高の学校、特に公立の学校は、市町村や都道府県の教育委員会の指導の下にあり、教育内容が細かに定められているが、大学の場合、国公立を含めて、大学ごとの自治が大幅に認められている。

「大学の自治」には、明確な法的根拠があるわけではない。「大学の自治」が認められているのは、大学が教育機関であるだけでなく、研究機関でもあるからだと考えられる。日本国憲法の二三条に、「学問の自由は、これを保障する」、とある。しかし、「学問の自由」が具体的に、誰がどうする自由なのかは、必ずしも明確ではない。学者の個人の研究の自由（のみ）を指していると見ることもできる。その場合、憲法で「大学の自治」が直接的に保障されている、と言えるのか疑問である。

憲法学には、シュミットの「制度的保障論」の影響を受けて、憲法二三条は、「大学」という組織としての自治を含意しているという説がある。「制度的保障」というのは、各個人の基本的権利とは別個に、家族、大学、教会、労働組合、政党などの団体（制度体）としての権利を保障するということである。

では、その場合、「大学の自治」の主体は誰なのか？　大学を単純に法人と見るのであれば、理事会等の経営方針の決定機関が主体ということになりそうである。ただ、専門的な研究と教育を行う機関であるということからすれば、経営サイドによる方針決定は、全体に関係するごく大雑把なものに留めて、各学部や研究所の教授会を主体とする自治をメインにするのが、理に適っているように思われる。

国立大学に関しては、比較的最近まで、教授会自治が大幅に認められていた。具体的には教員人事、予算配分、カリキュラム編成、授業のやり方等を各教授会が決めていた。形式的には、国家公務員である教員の任命権は文部科学大臣にあったが、文部科学省が人事に干渉することはほとんどなかった。

しかし、二〇〇四年に国立大学が独立行政法人になり、教職員が非公務員化すると、本来ならば、大学の自治が拡大するはずなのに、実際にはその逆の現象が起こった。学長に権限が集中し、教授会の権限が縮小されることになった。そうなった背景には、教授会による自治が、身内びいきの人事の温床になり、安定した地位にあぐらをかいて、研究や教育の本分を怠ったり、ハラスメントなどの問題行動を起こしたりする不良教員を保護しているとか、あるいは、社会的ニーズが低くなり、学問的成果も上がらなくなった〝伝統的な分野〟を温存し、結果的に新領域の育成を阻害している、といった社会的批判を文科省が意識するようになり、大学への統制を強化するようになったということがある――うがった見方をすれば、社会的批判を利用して大学への統制を強め、役人の天下りポストを用意させたいだけのことかもしれない。

とにかく、文科省が示した方針を、学長や理事会、事務局が代弁する形で、各部局――部局とは、学部、大学院の研究科、研究所など、研究・教育の基本単位――に強制することが多くなった。教員組織の再編、教員人事の条件づけ、基礎学力の低い学生向けの支援プログラムの策定、公開講座やオープン・キャンパスの開催等が、学長主導で行われることが当たり前になった。

特に顕著なのは、研究資金の獲得問題である。法人化以降、各大学に対する国からの運営交付金が毎年減額されているのに伴って、多くの国立大学が外部からの予算獲得を大学運営の第一目標とし、大量の資金を獲得できそうな研究分野、教員を優遇するようになった。国立大学の学長のほとんど、そして研究担当理事の多くが理系出身であるため、それが当然だと見なす傾向がある。理系は、実験施設や機材、材料に多額の予算――文系と予算規模が二ケタ違うとされている――がかかり、実験や臨床研究を行うスタッフが多数必要なので、〝金〟に敏感になるようである。

要するに、〝金になる研究〟が優遇されるようになったわけだが、この場合の〝金になる〟というのは必ずしも、その研究が、産業に応用されて大きな利益を生み出すということではない。研究を始める前からどのような成果が出るか予見することはできないし、学術的価値が高い研究だからといって、企業にとって利用価値があるとは限らない。多くの大学がTLO（技術移転機関）を設置し、産学連携を進めようとしているが、そのほとんどが赤字続きである。金がかかる研究が、大学や社会に大きな金銭的利益をもたらすという保証はない。それでも、大学の経営陣は、とにかく〝外部からの予算獲得〟を目標として掲げ続けざるを得ない。

そのため、文科省の外郭団体である日本学術振興会をはじめ、各種の補助金を出している団体に対して、自分の研究の意義をうまくアピールし、説得するためのノウハウを持っている教員が〝功労者〟と見なされる風潮が生じている。それがうまくできない教員は、余計者なので、予算やスタッフが削られる。研究室の存続自体が危うくなるかもしれない。無理に業績を作ろうとすれば、最近マスコミでも話題になっているデータ捏造等、不正への誘惑が生じてくる。医学部や薬学部の場合、それが人命にかかわることもある。そういう問題があると分かっていても、資金獲得の業績がある教員のやることには、大学当局も口出ししにくい。

それに、加えて、各種の競争的資金を中央省庁や外郭団体から獲得したり、先端的な研究プロジェクトの拠点大学として認定されやすくするため、研究予算を担当した経験のある（元）役人を、企画立案の担当者として迎え入れたりしている大学もある。まさにマッチポンプ的な天下りの口実になっている。国立大学がそういうやり方を受け入れれば、当然、予算獲得でライバル関係にある、私大や公立大もそれに同調せざるを得なくなる。

このように、国立大学を効率化するという名目の下に、役人や一部の（もともとは研究者であった）〝大学行政のプロ〟にとって都合のよい、あるいは、彼らの素朴な直感にフィットする、きわめて恣意的な予算配分が行われている。それに合わせて〝非生産的学問〟のリストラと、〝新分野〟の創出が進行している。

文系の中でも、とりわけ金とは縁がなさそうな〝思想史〟の研究者である私は、こうした見当外れの〝大学改革〟に対して批判的な立場を取ってきた。しかし、〝大学改革〟を批判する左派的な人たちの議論には、〝大学行政のプロ〟たちのそれ以上に見当外れのものが少なくないので、それらとははっきり一線を画しておきたい。

特にひどいのは、〝大学改革〟をめぐる一連の動きを、〝効率性を優先する新自由主義の産物〟――そのイデオロギー的な扇動者としてしばしばハイエクの名前が挙げられる――だとする議論である。このような言い方をすると、あたかも〝改革〟の推進者たちが、「新自由主義」という理念を共有しているかのように聞こえるが、実際にはすでに述べたように、場当たり的に〝金になりそうなこと〟に飛びついているだけであり、明確な理念などない。むしろ、そこが問題なのである。

そもそも何をもって、「効率的」なのか、推進者たち自身はっきり分かっていない。分かっていないにもかかわらず、〝効率性〟を優先して〝改革〟を進めようとするから、混乱するのである。そこに、左派の人たちが、〝効率性〟を重視すること自体が悪であるかのように言いつのって〝参戦〟してくるから、よけいに混乱する。左派の人たちも、研究・教育予算の無駄遣いや、ほとんど仕事をしないまま高給をもらい続けている教員が存在することを、容認したいわけではないだろう。「効率性」の意味するところをはっきりさせないと話にならない。

加えて、ハイエクを、〝効率性〟一辺倒のイデオロギーの教祖と見立てることも、かなり雑な思想史理解に基づく誤解である。ハイエクの思想は、現在日本で言われている〝大学改革〟とは真逆のものである。異なる目的を追求する人や集団の共存を可能にする、「コスモス＝自生的秩序」としての「カタラクシー」という視点から〝経済〟をとらえ直そうとしたハイエク的な視点からすれば、もともと分野ごとにかなり異なる学問・教育的価値を、誰も本当のところでは正確に把握できていない「効率性」という〝単一の尺度〟の下に評価し、国立大学のコストパフォーマンスを上げようとする発想にはかなり無理がある。教授会を中心とする自治が、なれ合いになりやすいという欠陥を抱えているのは確かだが、その功罪の罪の方だけ強調して、既存の仕組みを解体し、合理的なものに変えようとするとおかしなことになる。

教授会自治を形骸化させ、その代わりに、（もともとは理系のごく狭い分野の専門家でしかなかった）学長や、文科省の役人やOB、外郭団体の幹部、（その多くが大学行政についてあまり知らない）文教族議員、大学の問題に口を出したい新興企業経営者などに、新しい研究分野の創出や教育体制改革のための戦略をゼロから再構築させたら、事態が改善するという確かな根拠などない。学問的にまだ未熟なはずの学生のニーズに合わせて、大学再編するなどという議論は、さらに根拠がない。教授会の既得権益を解体し、学生や社会のニーズに合わせて新しい大学を立ち上げれば、新しいものが生まれる、などというのは、バークが批判した、フランス革命の指導者たちと同じ発想である。

日本の〝保守主義者〟たちは、こうした問題に恐ろしく無関心である。中には、あまり状況を知らないまま、〝これまで左翼が支配してきた教授会の権力が解体するのはいいことだ〟、というような趣旨のことを述べている人たちさえいる。そういう浅薄で無責任な考え方は、保守派を知的に貧困化させるだけだろう。

憲法と日本社会

制度的保守主義にとってもっとも重要と思われるのは、憲法改正の問題であろう。改憲派はしばしば、現行憲法は占領軍によって押しつけられた憲法なので、日本国民の主体性によって憲法を制定し直さなければならない、と主張する。しかし、ヒュームからハイエクに至るまでの慣習的制度を重視する保守主義の基本的な考え方からすれば、もともと誰が起草したか、誰の意向で制定されたかは、大した問題ではない。肝心なのは、その制度が当該の社会に属する人々に無理なく受容され、安定性をもたらしているかどうかである。

社会契約論的な発想をするのであれば、国民投票などによって〝国民全体の意志〟を正式に確認しないまま、国会の議決だけで、（主権者である人民の一般意志を表わす）「憲法」が制定されたことにするのは、手続き的におかしいということになるだろう。実際、日本国憲法は、国民投票にかけられないまま、施行されている。しかし、これまで見てきたように、ヒューム、バーク、ハイエク等は、〝人民の意志〟という虚構に依拠する政治理論を否定する。彼らの考え方では、人々の日々の実践の積み重ねから秩序が出来上がるのであって、意識的・計画的に秩序を作りだそうとしてもうまく行かない。

無論、現行憲法が日本社会に定着せず、いろいろと摩擦を起こしていることが明らかであれば、日本社会で慣習的に形成されてきた諸制度に適合するような憲法へと改正することを考えるべきであろう。その大前提として、慣習的諸制度をきちんと研究し、把握しておく必要があるし、それとの関係で何が不都合なのか特定する必要がある。しかし、これまでの保守派の改憲論議では、九条の問題を除いて、具体的な制度的不具合が論じられたことはほとんどない。

二〇一二年末に成立した第二次安倍政権では、改憲要件を定めた九六条を先行して改正すべきということが強調されるようになった。両院のそれぞれ三分の二以上の議員の賛成がなければ改憲発議ができないというのはハードルが高すぎて、国民が国民投票を通して自らの意志を表明する機会が奪われている、というのがその言い分だ。しかし、国民の多くが実際に「機会が奪われている」という感覚を――単に一、二回の世論調査でそういう意見が出たというだけでなく――長期にわたって持ち続けているのでなければ、それはほとんど意味のない話である。普通の国民の大多数があまり必要に感じていないのに、殊更に、民主主義の原則という見地から、国民投票を頻繁に行えるようにすることとの必要性を強調するのは、バーク―バジョット的な意味での保守主義の発想ではないだろう。逆に、九六条でハードルを高くすることによって、その時々に大きく変動する〝民主的多数派〟の気まぐれから憲法＝国家体制を守ることの方が、より保守主義的な発想であるように思われる。

九条以外で、その解釈をめぐる政治的対立がしばしば表面化するのは、（自らの幸福を自ら定義し、自らのやり方で追求する権利という意味での）幸福追求権を規定する一三条と、社会的生存権を規定する二五条であるが、これらについても、現行憲法の規定が日本の社会と不適合であるので変えるべきである、という国民的議論はほとんど起こっていない。おそらく国民の多くは、自己決定権やプライバシー権と一三条の関係や、社会的生存権と生活保護や年金・福祉制度の関係についてあまり関心を持っておらず、細かい解釈は憲法学者等の、専門家に任せておけばいいと思っているのだろう。

その意味で、これらの条文の意義は十分に認識されていない。しかし、人々がその存在意義を十分に認識していなくても、ちゃんと機能しているものはある――むしろ、明確に意識されていないものの方が重要だ――というのが、ヒューム以来の制度的保守主義の基本的な考え方である。自民党の改憲案でも、これらの条文はあまり変更されていない。一三条の幸福追求権に関しては、従来の「公共の福祉に反しない限り」、という文言が、「公益及び公の秩序に反しない限り」に置き換えられていることが多少目立つくらいである。この方が、公益を低下させ、秩序を乱す恐れがある行為は、本人の選んだ生き方であったとしても許されない、というニュアンスが従来より多少強く出ているように思われ、リベラル・左派的な人達はそのことを懸念している。

しかし、「公益」や「公の秩序」が何を指しているか改正案自体の中で定義されていないし、自民党がこれらの言葉に実質的な意味を与えるような、保守的憲法=国家体制哲学らしきものを体系化しているわけでもないので、これだけでは、単なる字面から受け取る印象の違いにすぎない。その印象を利用して恣意的な憲法解釈が行われる恐れがある、と懸念する人もいるが、それを言うなら、「公共の福祉」という言葉も同じように曖昧であり、現にさまざまな判例でかなり異なったニュアンスで使われており、憲法学者の意見もかなり割れている。

この点に限らず、天皇制、九条、九六条を除く、左右の憲法論議は、抽象的な言葉のニュアンスをめぐるものが多く、改正した場合、どのような価値を新たに取り入れ、どのような価値を捨てることになるのか、実体的なイメージを描きにくい。自民党の改正案は前文で、「日本国は、長い歴史と固有の文化を持ち、国民統合の象徴である天皇を戴《いただ》く国家」であるとか、「日本国民は、国と郷土を誇りと気概を持って自ら守り、基本的人権を尊重するとともに、和を尊び、家族や社会全体が互いに助け合って国家を形成する」といった、復古主義・共同体主義的な印象を与える言葉を使っているが、日本社会をどのような特徴を持った社会としてとらえているのか、「天皇を戴く」という一点を除いて、明確な記述はない。

国民の権利と義務を規定する第三章（一〇条～四〇条）に関しては、環境権（二五条二項）や知的財産権（二九条二項）といった新しい権利が盛り込まれている以外は、それほど大きな変化は見られない。多少目立つのは、一三条と同様に、権利を制約する原理としての「公共の福祉」が言及されている一二条、二一条、二九条で「公益及び公の秩序」と言い換えていることや、一二条で「自由及び権利には責任及び義務が伴うことを自覚」すべきことが明記されていること、二四条で「家族は、社会の自然かつ基礎的な単位として、尊重される。家族は、互いに助け合わなければならない」という条文が新たに追加されたことくらいであろう。

これらの新しい条文が、権利を主張するだけでなく、「公益及び公の秩序」によって課される責任や義務を意識しながら生きるべきことを示唆していると取れないこともない。さらに深読みすれば、個人の権利よりも、国家や共同体への責務をより重視する、戦前の日本的な価値観への回帰を志向しているように見えなくもない。

しかし、第三章全体の作りは変わっておらず、（西欧の近代的な自由主義の考えを強く反映していると思われる）従来の権利と義務の規定を大筋において踏襲している。一二四条で、「家族」中心の価値観を押しつけているようにも見えるが、どういう「家族」が標準なのか具体的に示していないし、「助け合う」というのがどういうことなのか、義務なのか、単なる精神的努力目標なのか、はっきりしない——同居の義務があるとか、家族の解体を避けるべく努力すべきだとか言っているわけではない。

新しく導入された環境権や知的財産権も、当然、西欧産の概念である。日本の伝統により適合する、「日本固有の環境権」を考えることもできないわけではなかろうが、改正案では、「国は、国民と協力して、国民が良好な環境を享受することができるようにその保全に努めなければならない」と、抽象的に規定しているだけである。

結局のところ、一部の言葉の変更で保守的な印象を与えているだけで、権利／義務の実態にはあえて踏み込もうとしていない。おそらく、日本という共同体に固有の秩序を前提とする、権利／義務論を再構築しようとすると、反発が大きくなりすぎるので、言葉遣いだけにとどめているのであろうが、そのため、日本社会の慣習や伝統、秩序に関して、どういうイメージを持っているのか、あるいは、どういう状態を目指しているのか分からない、中途半端な改正案にとどまっているように思われる。さほど大きく変えるつもりがないのなら、放っておくという手もある。

バジョット的には、それが賢いやり方だろう。

九条と例外状態

憲法改正の最大の争点になるのは、やはり従来どおり九条関連の問題であろう。自民党案は、平和主義を原則としながらも、それによって「自衛権の発動」が妨げられるわけではないことと、そのために「国防軍」を保持することが明記されている。この改正案の是非について考えるにはまず、それと反対の立場である「護憲」の意味するところを明らかにする必要がある。

「九条護憲」と呼ばれる立場は、決して一枚岩ではなく、それがどういう論拠に基づくのかによって、いくつかに分類することができる。まず、外国から何をされようと、日本国民は絶対に武力に訴えることをしないという絶対平和主義へのコミットメントとして、九条を理解する立場がある。もう一つは、国際社会の中で日本が武力紛争に巻き込まれることを回避するための基本戦略として、九条を理解する立場である。後者の場合、自衛隊の存在は必ずしも違憲ということにはならないだろう。自衛隊を持つことがかえってリスクを高めると認識する場合は違憲ではあるが、その方が安全であると認識する場合は、合憲と考えるであろう。自衛隊を認める場合でも、日本の領土の防衛に徹すべきという立場と、ＰＫＯ（国連平和維持活動）への参加や、日米安保体制などに基づく集団的自衛権の行使を一定の範囲で認めるべき、という立場があるだろう。もう少し細かく言うと、自衛隊は認めても日米安保は認めないという立場と、その逆の立場という区別もあるが、とりあえずは、自衛隊と安保をセットで考えることにしよう。

制度的保守主義の立場から考えれば、たとえ国家が壊滅し、国民の大多数が死ぬ可能性があったとしても、完全な無抵抗を貫こうとする絶対平和主義の立場は否定されるべきだろう。国家が存在しなくなったら、もはや守るべき憲法＝国家体制も、社会もないので、〝護憲〟の意味はなくなる。絶対平和主義は、国家だけでなく、個々の人間の命をも超えた、絶対的な価値を前提にしているのかもしれないが、ヒュームやバークの系譜に属する制度的保守主義者は、そのような形而上学的前提に基づいて改憲の是非を議論することはできない、と言うだろう。国家秩序を守ることに焦点を当てるシュミット流の保守主義が、絶対平和主義を受け入れないことは言うまでもないだろう。おそらく、現在の護憲論者の大半も、九条に殉じてもいいとまでは思っていないだろう。

戦略的な見地から九条護憲・自衛隊違憲の立場を取る人たちと、自民党などの改憲派のあいだには、現状認識で大きな違いがある。現行憲法が制定された当時、第二次大戦に敗戦し、占領下にあった日本にとって、憲法を通じて武力放棄を宣言することが賢明な――そしておそらく唯一の――選択であったが、米ソ冷戦構造が形成されたことによって、事情が異なってきた、ということについては、両者は合意するだろう。問題は、冷戦構造が崩壊した後、かつてよりかなり弱体化したアメリカが中心になって、中国やロシアなどと対峙しながら、一国で世界各地の地域紛争に対応している現在の国際情勢の中での日本の立ち位置をどう見るかである。九条護憲・自衛隊違憲派の人たちは、冷戦時代に比べて望まぬ戦争に巻き込まれる可能性は格段に低下したので、今こそ九条の理念に徹すべきと考える。改憲派は、アメリカ一国ではすべての危機に対処できなくなったので、日本がより積極的に平和維持活動に寄与すべきである、と考える。

両者のいずれの認識が妥当であるかは、国際政治学の問題であり、本書の守備範囲外なので、判断は保留しておこう。保守主義について検討するのが本書の課題なので、現在の日本で〝保守派〟と見なされている改憲派の国際情勢認識を前提に考えてみよう。自衛隊の存在が合憲であることを認める九条護憲派は、九条があることによって自衛隊の活動に制約がかかり、かつてのような侵略戦争に乗り出す危険が少なくなると共に、他国から一定の信頼を得ることができると考える。それに対して改憲派は、武力行使と交戦権を放棄している現行の九条では、自衛隊の位置づけが曖昧であり、曖昧なまま制度運用していると、やっていいことと悪いことの区分が難しく、かえって護憲派が懸念するような事態が起こる恐れがあるし、日本の領土外での活動や集団的自衛権の行使に制約がかかるので不都合だと主張する。

そうした改憲派の論拠の中で、現行の規定では曖昧だという部分と、自衛隊（国防軍）により大きな役割を担わせるべきという部分は分けて考える必要がある。後者は先に述べた、現在の日本の国際的立ち位置をめぐる国際政治学的問題と、軍事・外交戦略上の問題を組み合わせて考えるべきことであり、やはり本書の範囲外である。前者は、憲法（解釈）と現実の政策のバランスをめぐる法・政治哲学的な問題である。

仮に論点が純粋に前者だけ、すなわち、自衛隊の憲法上の位置づけの曖昧さをめぐる問題だけだとすれば、その曖昧さを解消するために国防軍の規定を新たに九条に盛り込むというのは、バジョットなどの制度的保守主義から見てさほど賢明な発想ではないだろう。曖昧なまま、あるいは憲法違反に見える状態のまま、自衛隊という組織が数十年間安定して運営され、アメリカを中心とする安全保障体制に組み込まれ、ＰＫＯなどにも参加しながら、未だに戦争に巻き込まれていないという事実をポジティヴに評価するのであれば、それを焦って変える必然性はない。曖昧だったからこそ、アメリカなどの西側諸国との関係を良好な状態に保ちながら、アメリカと対立する諸国との関係を決定的に悪化させることを回避することができたと見ることができる。その中途半端な立ち位置のおかげで、国防にあまり力を入れずに、経済問題中心に政治を行うことができたわけである。

バジョットは、『イギリス憲政論』で、古くからある制度が、本来意図されていたのとは違った方面で一定の役割を果たすことがあり得ることをさまざまな形で例証している。自民党を中心とする保守政権の九条解釈・運用は、もともとはいい加減な妥協であったかもしれないが、それがいつの間にか、日本の政治を安定化させる制度として定着したと見ることもできよう。無論、これはあくまで、法・政治哲学的な思考トレーニング上の話である。現在の自衛隊の役割や規模を拡張しないという前提で考える場合でも、諸外国の日本に対する見方は変化し続けているし、自衛隊員の意識や安全保障に対する国民の認識も変化し続けているので、曖昧さゆえの利点がそのまま維持されるという保証はない。曖昧さの利点が、このまま活かされ続けるかどうか、慎重に検証すべきだろう。

そうしたことを考慮に入れたうえで見てみると、九条に対する現在の自民党のスタンスは、自分たちが作り出し、かつその恩恵にもっともあずかって来た「曖昧さ」を、簡単に捨てようとしているように思える。丸山眞男や現代の代表的な護憲派である大江健三郎（一九三五―　）は、戦前からの日本の「曖昧さ」を徹底して批判するが、保守派の側はもっと「曖昧さ」のメリットに目を向けてもいいのではないか――左派に対抗するためだけに、「日本的な曖昧さ」を称揚するのであれば、本末転倒だが。

ただ、自民党の改正案で新設されている第九章「緊急事態」（九八―九九条）は、シュミット的な視点から見てきわめて重要である。これは、まさに法秩序を守るために、法の効力を一時的に停止する「例外状態」の規定である。九八条では、「我が国に対する外部からの武力攻撃、内乱等による社会秩序の混乱、地震等による大規模な自然災害その他の法律で定める緊急事態」において、内閣総理大臣が、「法律の定めるところにより、閣議にかけて、緊急事態の宣言を発することができる」としている。国会の承認が必要なことや、宣言を継続する場合は百日ごとに更新する必要があること、法律と同じ効力を持つ政令を制定することができることなど、かなり具体的に規定されている。

ただ九九条で、「何人も、（中略）当該宣言に係る事態において国民の生命、身体及び財産を守るために行われる措置に関して発せられる国その他公の機関の指示に従わなければならない」として、宣言の――古代ローマ以来の意味での――「独裁」的性格を明示する一方で、「第十四条、第十八条、第十九条、第二十一条その他の基本的人権に関する規定は、最大限に尊重されなければならない」としているので、基本的人権をどういうケースでどの程度制限するかについて、法律で詳細に規定することが必要になるだろう。特に、表現の自由に関する二一条の扱いについては、いろいろな状況をシミュレーションして、現実的に運用できるようにする必要があるだろう。

すでに見たように、ワイマール憲法は、詳細を定める法律を制定することを予定しながら、実際には国会がその早期制定を怠ったため、シュミットが指摘するように、「委任独裁」でありながら、「主権独裁」に近い状態が生じてしまった。大きな危機に直面した時に国家を継続させていくには、「例外状態」について考えることは不可欠だが、それを憲法に盛り込むに際しては、「独裁」の歴史をよく研究し、日本の国家体制にうまく適合するように工夫すべきだろう。

何を保守するのか

これまで見てきたように、ヒューム以来の制度的保守主義は、社会を安定させている制度に注目し、それを出来るだけ守っていこうとする。すでに失われてしまった過去の文化や伝統を——自分たちの趣味に合わせて——美化した形で復興させようとしたりはしない。そのような観念的でユートピア（どこにもない場所）的な過去のイメージを、現実の政治に持ち込めば、人々に非現実的な理想を追求させ、社会の不安定さを増すだけである。シュミットは、そういう態度を「政治的ロマン主義 politische Romantik」と呼んで徹底的に批判した——シュミットの「政治的ロマン主義」批判については、前掲拙著『カール・シュミット入門講義』を参照されたい。

現実に存在する制度の安定化作用にさほど関心を持たず、資本主義的価値観にも社会主義的価値観にも汚染されていない〝純粋な日本らしさ〟を求めることが多い日本の保守派は、「政治的ロマン主義」にはまりやすい。憲法や法律に、「国を愛する心」を培うことをスローガン的に掲げることによって、〝日本らしさ〟を回復できると考えているとすれば、それは、保守というよりはむしろ、自分たちの青写真を元に社会を改造しようとする設計主義の発想だろう。

ヒューム、バーク、ハイエク等の指摘を待つまでもなく、憲法や法律は、現在の社会の在り方をより安定化させるべく、慣習的に形成されてきた「制度」を明確化したり、時代の大きな変化に合わせた微調整を行うために制定されるはずのものである。まったく新しい規範を作り出すことができないのと同様に、実際にそうであったかどうかよく分からなくなっている過去の規範を復活させることはできないし、それを試みるべきでもない。

現代日本の保守主義者の多くは、憲法や法律、行政、教育によって日本人の伝統的な美徳や愛国心をある程度復活できると考えているように見えるが、それは〝法〟や〝政治〟に対する過剰な期待である。伝統や慣習が——過去のある時点と比べて——もはやその片鱗もないほど変容しているとしたら、それを元に戻そうとしても意味のないことである。「日の丸・君が代」がしばしば、保守的な教育改革論の焦点になるが、日の丸掲揚と君が代斉唱が、子供たちの愛国心の育成につながると本気で信じている保守主義者はどれくらいいるだろうか。

そもそも、〝元〟に戻そうとしている〝保守主義者〟自身が〝古き良き日本的共同体〟の記憶を保持しているかどうかさえ定かでない。最近は、〝保守の論客〟同士で、どちらが〝真の保守主義者〟であるか、精神面で争うかのような論争が目立っているが、明確な判定基準などないので、きわめて不毛である。そんなことをやるよりは、たとえ歴史はそれほど長くなくても現在の日本社会を支えている、さまざまな慣習的制度を再発見し、その特徴を明らかにすることに力を入れた方がいいのではないか、と思う。

あるいは、そのような細かいことに拘らずとも、〝真の日本らしさ〟は、日本人のライフスタイルの中にしっかり根ざしており決して失われてはいないという強い確信を持つ保守主義者であれば、たかが占領憲法ごときにそれほど拘る必要もないだろう。ハイエクが言うように、「憲法」それ自体は、単なる政府を組織するための基本法にすぎず、本当に大事なのは、日本社会を成り立たしめている、さまざまな伝統や慣習の総体なのであるから。そうした伝統や慣習が占領憲法の下にありながらも、あるいは、それにうまく適応してしぶとく生き残っているとすれば、何も慌てる必要はない。

あとがき

大学院生時代の私は、ドイツ・ロマン派の哲学・文芸理論を研究しており、「政治」にはあまり関心がなかった――院生になる前の私は必ずしもノンポリとは言えないが、そのへんの事情については、私の自伝的著作（『Nの肖像』双風舎）などでしつこく述べたので、ここでは省略する。一九九八年一月に大学の法学部教員になったが、その少し前から、研究的関心や出版事情の関係から、新左翼系の学者や編集者とお付き合いすることが多くなった。ドイツのフランクフルト学派やフランスのポストモダン（左派）系の思想家について論文を書くようになった。

しかしじきに、左翼系の学者・知識人には、理論的に考えたことをすぐに実践的メッセージにつなげないといけないという強迫観念のようなものを持っている人がやたらと多いことを（改めて）認識するに至った。簡単に言い換えると、論文のオチに、首相だとか経団連の会長とかの名前を挙げて非難したり、バカにしたりして、反権力的姿勢を見せないといけないということである。無論、難しい問題について抽象的な思考を積み重ねていくと、単純な反権力的な〝結論〟に至らないことの方が多い。

でも、そういう抽象的で何をどうしたらいいのかよく分からない論文を書くと、すぐに「本質を見誤っている！」とか、「ぬるま湯につかった抽象論だ！」「知識人としての自覚にかける！」などと言われる。実際、私はそういうことをたびたび言われた。それで、あちこちに、あわてんぼう左翼を批判する文章を書くようになった。保守系の論壇誌にそういう文章を書いたこともある。おかげで、右翼呼ばわりされることも少なくない。

左翼の不寛容さにはかなりうんざりしていたので、彼らから「右」呼ばわりされるのは別に構わないのだが、私は天皇主義者ではないし、神道にも日本の伝統文化に対する愛着もないし、積極的な愛国心はたぶん持っていない。日本的な礼儀作法や義理人情など、面倒くさくてしょうがない。せいぜい、かつて留学した経験のあるドイツ等の西欧諸国と比べて、日本は結構まともな国ではないか、と思っている程度である。そのせいか、右派的な論壇からもあまり声をかけられない――その方が好都合だったわけだが。

一年半ほど前に新潮選書の三辺氏から、今度、保守主義について本を書きませんかと誘われた時、私自身は普通の意味での保守主義者でないことは分かっていたので、「保守主義者と見なされている思想家たちについて、あまり精神論的でない紹介をするくらいしかできませんが、いいですか」と確認したところ、その方がいいということだったので、これまで気になっていた六人の思想家を、「制度的保守主義」という視点からとらえ直す、本書の構想に思い至った。

書いている内に、私自身が、制度的保守主義にかなり近い考え方をしていることに気がついた。

終章になると、書き方から分かると思うが、自分自身がその制度的保守主義者であるような気がしてきた。その意味で、この本の執筆は私にとって、ちょっとした自分自身との出会いになった。制度的な意味で保守主義者と呼ばれるのなら別に構わないという気になった。
ただ、〝純粋な日本らしさ〟に拘り、不純物を排除すべく戦おうとする〝真正〟保守主義者の人は、依然として苦手である。本書の少々風変わりなタイトルは、そうした人たちとは一線を画しておきたいという、私のささやかな意志表示でもある。

二〇一三年十月八日
金沢大学角間キャンパスにて

新潮選書

新潮

精神論《せいしんろん》ぬきの保守主義《ほしゅしゅぎ》

著　者………………仲正昌樹《なかまさまさき》

発　行………………2014年5月25日

発行者………………佐藤隆信
発行所………………株式会社新潮社
〒162-8711 東京都新宿区矢来町71
電話　編集部 03-3266-5411
　　　読者係 03-3266-5111
http://www.shinchosha.co.jp
印刷所………………株式会社三秀舎
製本所………………加藤製本株式会社

乱丁・落丁本は、ご面倒ですが小社読者係宛お送り下さい。送料小社負担にてお取替えいたします。
価格はカバーに表示してあります。

ISBN978-4-10-603748-1 C0331